ケアする人も楽になる

# 認知行動療法入門

伊藤絵美=著

BOOK 1

医学書院

● 著者略歴

## 伊藤絵美
（いとう・えみ）

洗足ストレスコーピング・サポートオフィス所長。
臨床心理士、精神保健福祉士、博士（社会学）。
慶應義塾大学大学院修了後、都内の精神科クリニックにてカウンセリングの仕事をはじめる。その後精神科デイケアの運営に携わるようになり、グループの面白さに目覚める。
しばらくの間民間企業でEAP（従業員支援プログラム）の仕事をしたのち、認知行動療法を専門とするカウンセリング機関を開設し、今に至る。
主な著書に、『認知療法・認知行動療法カウンセリング初級ワークショップ』星和書店、『認知行動療法、べてる式。』（共著）医学書院、『認知療法・認知行動療法事例検討ワークショップ』（共著）星和書店、『事例で学ぶ認知行動療法』誠信書房、など。訳書にジュディス・ベック『認知療法実践ガイド』星和書店、ロバート・リーヒィ『認知療法全技法ガイド』星和書店、ジェフリー・ヤング『スキーマ療法』金剛出版、ほか。

ケアする人も楽になる
認知行動療法入門　BOOK 1

発　行　2011年 2月 1日　第1版第1刷ⓒ
　　　　2018年 10月 15日　第1版第7刷
著　者　伊藤絵美
　　　　　　いとう　えみ
発行者　株式会社　医学書院
　　　　代表取締役　金原　俊
　　　　〒113-8719　東京都文京区本郷 1-28-23
　　　　電話　03-3817-5600（社内案内）
ブックデザイン　DESIGN WORKSHOP JIN
印刷・製本　アイワード

本書の複製権・翻訳権・上映権・譲渡権・貸与権・公衆送信権（送信可能化権を含む）は株式会社医学書院が保有します。

ISBN978-4-260-01245-4

本書を無断で複製する行為（複写，スキャン，デジタルデータ化など）は，「私的使用のための複製」など著作権法上の限られた例外を除き禁じられています．大学，病院，診療所，企業などにおいて，業務上使用する目的（診療，研究活動を含む）で上記の行為を行うことは，その使用範囲が内部的であっても，私的使用には該当せず，違法です．また私的使用に該当する場合であっても，代行業者等の第三者に依頼して上記の行為を行うことは違法となります．

JCOPY〈出版者著作権管理機構　委託出版物〉
本書の無断複製は著作権法上での例外を除き禁じられています．複製される場合は，そのつど事前に，出版者著作権管理機構（電話 03-3513-6969，FAX 03-3513-6979，info@jcopy.or.jp）の許諾を得てください．

CONTENTS
目次

BOOK 1

はじめに：
ケアする人のセルフケアに認知行動療法を役立てよう……7

第1章 **ストレス状況とストレス反応を目に見える形にしてみましょう**……19

1. ストレスって何？……20
2. 認知行動療法の基本モデル……30
3. 階層的認知モデル……48

第2章 **アセスメントしてみましょう**……59

1. アセスメント……60
2. コーピング……72
3. 認知行動療法の進め方……88
4. 認知行動療法の適応と限界、および実施にあたっての注意点……94

第3章 **プリセプティとの相性が悪く悩む先輩看護師アヤカさん**……103

1. 認知行動療法に望みをかけて来談したアヤカさん……104

❷ 自己観察と外在化で
　かなりスッキリ……114
❸ 目標リスト作成までこぎつけた……120
❹ 認知再構成法で「認知」に
　焦点を当てる……124
❺ 問題解決法で「行動」に
　焦点を当てる……142
❻ コーピングレパートリーを
　可能な限り増やす……150
❼ これまでより上手に
　ストレスと付き合えるようになった
　アヤカさん……156

### 第4章　BOOK1で紹介した理論・技法・ツール……159

索引……178

BOOK2はこんな展開になります……180

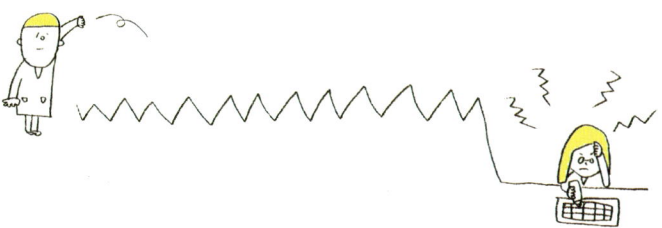

## ちなみにBOOK2の目次は

- 第1章 無能な同僚管理職に腹が立って仕方がないカオルコさん
- 第2章 キレる医師のいる職場に恐怖を感じるサチコさん
- 第3章 精神的に不安定な看護学生とのかかわり方に悩む教員タマキさん
- 第4章 BOOK2で紹介した理論・技法・ツール
- 第5章 さらに学びたい人へのガイド

はじめに
# ケアする人のセルフケアに認知行動療法を役立てよう

## ◎ ケアする人のために書いた本です

　本書は、ケアを職業とする人たち、特にナースの方々を対象に書きました。

　ナースを対象とした認知行動療法（Cognitive Behavioral Therapy：CBT）の本と書くと、「患者さんの心のケアのために、認知行動療法を活用しましょうという本なのかな」と思われてしまいそうですが、実はそうではありません（全く違っているわけでもないのですが、これについてはあとで述べます）。

　本書の主な目的は、ナースの方々自身の心身のセルフケアのために、認知行動療法を学び活用できるようになっていただきたい、というものです。

## ◎ ストレスマネジメントにぴったり

　私は大学と大学院で心理学を学び、大学院の博士課程に在籍

しているときから、臨床心理士として精神科クリニックにて心理療法やデイケアの仕事に携わるようになりました。そのときに学んだのが認知行動療法です。

　当時日本では認知行動療法はあまりよく知られていませんでした。私は認知行動療法のことを知り、特に米国においてうつ病に対する治療法として薬物療法に匹敵するエビデンスが揃いはじめていると知ったことで、「これは絶対に勉強しなくちゃ」と思ったのでした。そして実際にクリニックで患者さんに対して認知行動療法を適用することをはじめましたが、その当時から強く感じていたのは、「認知行動療法を単なる"治療法"のままにとどめるのはもったいない。もっと広く健康な人の"ストレスマネジメント"の手法として使えるはずだ」という思いでした。

　そこで「認知行動療法の考え方や手法を、一般の人々のメンタルヘルスやストレスマネジメントに役立てるためにはどうしたらよいか」ということを研究テーマに選び、博士論文を書きました。その後、クリニック以外にもいくつかの現場で臨床の仕事を行い、2004年より認知行動療法に特化したカウンセリング機関を東京の大田区に開設しました。

　このようにしてかれこれもう20年近く認知行動療法を学び、実施しているのですが、「認知行動療法を病気の治療法にとどめず、一般の人びとのセルフケアに広く役立てていきたい」という強い思いは、今も変わりありません。本書はそのような私の個人的な思いが発端となっています。

## ◎ 私自身が助けられています

　なぜ私が強くそのように思うか、というと、それにはいくつかの理由があります。

　まず、私自身が自分のために認知行動療法を使っていて、実際とても助かっているということがあります。私はよくいろいろな人から、「いつも元気でいいね」「ストレスとか、あんまりないでしょ」と言われるのですが（「能天気な人」とみなされやすい。それはそれでありがたいのですが）、実際はそうでもありません。自分では、気が小さく、ささいなことにストレスを感じやすく、グジグジうだうだしやすい人間だと思っています（家族はこれに同意してくれるでしょう）。

　そんな自分がこれまでなんとかやってこられているのは、間違いなく認知行動療法のおかげです。つい数年前も、仕事や家庭の負荷やストレスがどっと増え、「このままだと本当に参ってしまうかもしれない。うつ病になってしまうかもしれない。やばい！」という危機状態に陥りましたが、それをなんとか乗り越えられたのも、自分のために必死に認知行動療法を行ったからだと考えています。

　このように、認知行動療法を専門とする私自身が、自分のためにも認知行動療法を実施して効果を実感している、というのが一般の方々に認知行動療法を勧めたい最大の理由です。

　認知行動療法の専門家には、私のような人が少なくありません。クライアントさんや患者さんをよりよく援助したり治療

したりするために学んだ認知行動療法を、同時に自分自身のストレスマネジメントのために活用している臨床心理士や医師を私は何人も知っています。皆さん口を揃えておっしゃるのは、「患者さんの治療のために学んだ認知行動療法だけれども、むしろ自分自身が認知行動療法によって大いに助けられている」ということです。

そうです。皆さん、私と全く同じなのです。

## ◎ 病気は予防できるに越したことはありません

一般の人々に認知行動療法をお勧めするもう1つの理由は、これまでの臨床経験を通じて、特にうつ病や不安障害などの精神疾患の予防教育がいかに重要か、私自身骨身にしみて感じているからです。

私は普段自分のオフィスでは、病名がすでについている人、すなわち、すでにはっきりと具合が悪くなっており、何らかの治療や援助が不可欠になってしまっている状態の人びとを対象として認知行動療法を行っています。慢性化した人、再発を繰り返している人、いくつもの併存疾患をかかえて苦しんでいる人も少なくありません。

そういった方々との認知行動療法は非常に時間がかかります。面接も50回、100回というふうにかなりの回数がかかりますし、それに伴って2年、3年と終結までにかなりの期間を必要とします。もちろん回数と時間がかかれば、そのぶんお金もかかります。

つまり診断がつくような状態にまで悪くなって、さらにそれが長期化してしまうと、回復までにコスト（時間、エネルギー、お金）がものすごくかかるのです。私は一般の人びとがそのような状態に陥るのを予防するための方法を、できれば健康な状態のうちに習得しておくのがよいと考えています。風邪を予防するのに手洗いとうがいが役立つことを知っていれば、それをしない手はないでしょう。認知行動療法もそれと同じです。

## ◎ みんなの感想「これは使えそう！」

実際に私は、一般の方々を対象として認知行動療法の研修やワークショップを行う機会が以前より増えています。そして一般の方々に認知行動療法をお勧めするさらなる理由としては、おおむね参加者の方々の「受けがよい」ということが挙げられます。

「一般の方々」とは、会社員や公務員、主婦の方、学生さんなどさまざまです。ちょっと変わったところでは、刑務所や保護観察所や少年院といったところで認知行動療法を教える機会も最近増えています。

「認知行動療法」という名称がちょっと堅苦しいこともあって、どこで教えても最初はとっつきづらそうな様子の方がいらっしゃいますが、一緒にワークをやったり話し合いをしたりして実際に体験してもらうと、多くの方が、「これは自分のために使えそう」と言ってくれるようになります。刑務所や保護観察所では、罪を犯した方がそれこそ半強制的に認知行動療

法のプログラムを「受けさせられる」わけですが、驚いたことにそういった方がプログラムを受講し終わると、「今後の人生に役立つ方法を学べてよかった」「もっと早く認知行動療法を知っておきたかった」など、非常にポジティブな感想を述べることが少なくありません。

このような体験を続けているうちに、私は、「やはり認知行動療法は一般の方々のセルフケアの方法として役立つのだ」と確信するようになりました。

## ◎ 人をケアする職業人のストレスこそが問題です

さて、本書のもう1つの特徴は、一般の方々のなかでも、あえてナース（本書では看護職の方を基本的に「ナース」と呼ぶことにします。「看護師」より「ナース」という呼称のほうが、私にとって親しみやすいからです）を対象にしているということです。

一般の方々に認知行動療法を広めたいのであれば、幅広く一般の人向けの本を書けばよいということになりますが、今回はあえてナースに対象を絞って書いてみることにしました。その理由もいくつかあります。

第1の理由は、私自身、だいぶ前から、人をケアする職業の人（対人援助職）のストレスの問題に関心があったからです。対人援助職のストレスは、他の職種に比べて深刻になりやすいことは、皆さんもご存知のとおりです。言うまでもないことですが、人間は誰しもユニークでかつデリケートな存在です。そ

ういった人が何らかの事情により他人のケアを必要とするということは、それだけでその人がすでに深く傷ついている可能性があると考えられます。ということは、傷ついている人のケアをするという仕事は、仕事とはいえ（仕事だからこそ、とも言えるかもしれませんが）、ケアする側も同時に傷つく可能性を常に孕んでいるのではないかと私は考えます。ケアする側の人は、傷ついている当事者に最も近い存在であるからこそ、ケアする人自身もまた当事者になりうるということです。

　この思いは私自身、心理学的な立場から他者をケアする仕事をずっとしてきたことによる実感でもあります。このことは、対人援助職、なかでもナースのバーンアウト（燃え尽き）に関する研究がさかんに行われていることともおそらく関連するでしょう。

　だとすると、他者をケアすることを職業とする人は、それだけ自分自身のケアやストレスマネジメントを自覚的に行う必要があることになりますし、実際にそうするべきだと私は考えています。そこで本書では、人をケアする職業の中心的存在ともいえるナースのセルフケアに焦点を絞って、認知行動療法という手法を紹介してみようと考えたわけです。

## ◎ 私はナースが好きだから

　ナースを対象として本書を書いた第2の理由としては、これは非常に個人的なことですが、私の妹がナースをしており、またなぜか親戚にもナースが多く、私が勝手に親近感を抱いて

いることが挙げられます。

　かつて精神科のデイケアの仕事をしていたときも、一緒に仕事をしたナースが皆非常に気持ちのよい方々で、互いに助け合ったり役割分担をしながら大変楽しく仕事ができた、という個人的な体験もあります。本書がそういうナースの方々に少しでも役に立つのであれば、私としては個人的にも非常にうれしいのです。

## ◎ そして患者さんのケアに役立ててほしいから

　さて、本書がナースを対象とする理由の最後です。それは、冒頭に書いた「本書は患者さんの心のケアのための本ではない」ということと矛盾するかもしれませんが、ナースの方々がセルフケアのために認知行動療法を使いこなせるようになったあとに、ぜひ多くの患者さんのケアに認知行動療法を役立ててもらいたい、という思いです。

　認知行動療法は多種多様な疾患や症状や問題に効果のあるアプローチとして、世界的に注目され、急速にその普及が進んでいる心理学的手法です。しかし、実は日本では認知行動療法の普及そのものがだいぶ遅れているという現状があります。

　今はインターネットのおかげで、たとえ専門的なことであれ情報を入手する手立てがありますので、認知行動療法のエビデンスを多くの方が知ることができます。となると、うつ病や不安障害やその他の問題をかかえる多くの方々が、「自分も認知行動療法を受けたい」と思われるのは当然です。

しかし大変残念なことに、現在日本においては認知行動療法を提供できる対人援助職が非常に少ないのです。需要が爆発的に増えているにもかかわらず、供給が全く追いついていないというのが現状です。「認知行動療法を受ければ助かるかもしれない」という確実な情報があるにもかかわらず、それを受けることができないというのは、なんてむごい現実なのだろうと思います。

　この問題を解消するためには、認知行動療法を提供できる専門家をできるだけ早く、そしてできるだけ多く育成する必要があります。私自身このような問題意識にもとづき、これまでにワークショップを開催したり、ワークショップをもとにした教材を作って出版したり、スーパーヴィジョンを行ったり、という活動をずっとしておりますが、まだまだ不十分であると自覚しています。

　そこで今回、ナースを対象とした認知行動療法の本を書くにあたって、もちろん最大の目的はナース自身のセルフケアを支援することですが、さらにその後、今度はナースの方々が認知行動療法を使って、患者さんや周囲の方々のケアを行ってくださるようになるといいなぁという思いを込めることにしたのです。

## ◎ まずは自分のケアに使ってみてください

　認知行動療法は心理療法の一種ですが、精神分析など他の心理療法と異なり、特別な心理学的知識がないとできないとか、

特別なトレーニングを積まなければ現場で使ってはならないというものではありません。本書で紹介するような考え方ややり方を理解し、練習し、身につけていただいた方であれば、誰でもそれを自分自身のために使いこなせるようになります。

　読者の皆さんにお願いしたいのは、認知行動療法を身につけて、まずはご自身のケアに活用していただき、「これは使える！」という実感が持てたら、次に、認知行動療法を必要としている患者さんや周囲の方々に提供していただきたい、ということです。

　対人援助職の中心的存在であり、心理士と比べてはるかに人数の多いナースの方々に認知行動療法を身につけていただくことによって、ナースの方々のセルフケアを支援すると同時に、患者さんに対して認知行動療法を実施できるようになれば、専門家不足を解消する大きな助けになるだろうという目論見が私のなかにあるのです。

## ◎ この本はこんな構成になっています

　長くなりましたが、以上が本書に対する私の思いです。
　次に本書の構成について簡単に紹介します。
　BOOK 1 の第 1 章、第 2 章では、認知行動療法の基本的な考え方や手法を具体的に紹介しています。読者の皆さんにはまず、BOOK 1 の 1 章、2 章を読んで認知行動療法の概略を理解してから、続く 3 章と BOOK 2 で展開される各事例をお読みいただくことをお勧めします。

事例は1つにつき1章を割き、ストーリー仕立てで紹介しています。各章のタイトルから事例のおおよその内容は想像がつくと思いますので、興味のある章から読んでいただいて大丈夫です。各事例をお読みいただいたあとに再度BOOK 1に戻って読んでいただけると、認知行動療法に対する知識がさらに深まるでしょう。

　2つの本とも巻末に、その本で紹介した「認知行動療法の理論・技法・ツール」をまとめています。また、BOOK 2には「さらに学びたい人へのガイド」を書きました。認知行動療法を本書だけでパーフェクトに学ぶというのは不可能です。本書を読んで認知行動療法に興味を持った方には、ぜひ「さらに学びたい人へのガイド」を参考に、学びを継続し、深めていっていただけるとうれしいです。

## ◎ 安全第一で使ってくださいね

　最後に。認知行動療法はとても役に立つツールです。私自身認知行動療法をずっと使い続けて、その効果や魅力を深く実感しています。だからこそこのように本などを書いているわけですが、本書を読むと、あたかも認知行動療法が万能なツールのように見えてしまうかもしれません。

　が、この世に「万能なツール」はあり得ません。しかもツールですから、「使う人次第」というところも多分にあります。認知行動療法というツールにももちろん限界はあり、また使いようによっては人の役に立つどころか、逆に人を傷つけてしま

うことだってあり得ます。したがって認知行動療法を実際に行う際には、くれぐれも慎重に、安全第一で使っていただきたくお願いいたします。

　本書は医学書院の石川誠子さんと一緒に企画したものです。本当はもっと早く世に出るはずだったのが、ひとえに私の「ぐずぐず病」によって、こんなに時間が経ってしまいました。心からお詫びを申し上げると共に、ここまで辛抱して付き合ってくださったことに心から感謝いたします。ありがとうございました。「ぐずぐず病」は治らないながらも、なんとか本書を世に出すことができました（これから認知行動療法を使って「ぐずぐず病」に取り組みます）。

2011年1月吉日　伊藤絵美

第1章

# ストレス状況とストレス反応を目に見える形にしてみましょう

この章に出てくる
理論・技法・ツール

心理学的ストレスモデル

認知行動療法の基本モデル

階層的認知モデル

## 1-1 ストレスって何?

### ◎ 主役は自分自身!

　認知行動療法とは、「ストレスの問題を〈認知〉と〈行動〉の側面から自己改善するための考え方と方法の総称」★です。これから認知行動療法について具体的に解説していきますが、まずここでは「自己改善」という言葉に目を向けてください。

　ストレスは生きていれば誰にでもふりかかってきます。「ストレスのない生活」「ストレスのない人生」というのは、まず考えられません。ということは、重要なのはストレスをなくすことではなく、ストレスとうまく付き合うことだといえます。
　さほど苦労しなくてもその人なりにストレスとうまく付き合うことができていれば、認知行動療法は必要ありません。しかし付き合い方があまりうまくなかったり、あまりにもストレスが多大なために付き合っても付き合ってもどうにもならないようなとき、そのストレスはさまざまな「問題」を引き起こします。
　そのような問題を誰かに丸投げして解決してもらおうとする

のではなく、どのようなストレスによってどのような問題が起きているのか、そしてどうすればその問題を解決したり解消したりできるのかを、自分自身で考えあれこれ工夫してみましょう、というのが、ここでいう「自己改善」の意味です。

認知行動療法はストレスの問題を、ストレスをかかえている当事者である自分自身が自分で改善できるようになりましょう、というアプローチなのです。主役はあくまでも自分自身です。

## ◎ ストレスを形にしてみよう

さて、今私は「ストレス」という言葉を簡単に使いましたが、「ストレス」って一体何でしょう？ おそらく皆さんも私と同様に、普段の生活で「ストレス」という言葉を気軽に使っておられると思います。

たとえば「口うるさい上司がいて、その上司の存在がストレスだ」とか、「書類仕事が溜まっていてストレスだ」とか、「ストレスが溜まって、しんどくてたまらない」とか、「ストレス解消のために、昨日友人とカラオケに行った」とか……。

ではここでいう「ストレス」とは何なのでしょう？ 上司の存在？ 書類仕事？ 「ストレスが溜まって」という場合、実際に何が溜まっているか、取り出して人に見せることはできますか？ カラオケに行って解消された「ストレス」って、一体何なのでしょう？

というわけで、私たちは普段気軽に「ストレス」という言葉を使うわりには、「ストレス」という言葉の定義は難しく、考

---

★「認知」は英語で"cognition"、「行動」は"behavior"と言います。また「療法」とは「セラピー」のことで、英語表記は"therapy"、つまり認知行動療法をまとめて英語表記にすると"Cognitive Behavioral Therapy"となり、頭文字を取って略して"CBT"（シービーティー）と呼ばれることがよくあります。

えれば考えるほどよくわからなくなってしまいます。そこで心理学では、図 1-1 のようなモデルを使ってストレスをとらえることにしています。

**図 1-1 心理学的ストレスモデル**

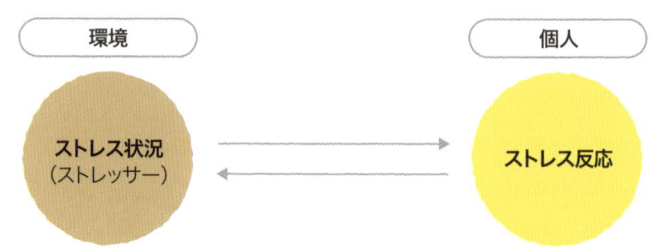

　図の左部分が、その人を取り巻く「環境」で、右部分が、その環境に対する「個人」の反応を示します。

## ◎ ストレス状況とストレス反応

　「ストレス状況（ストレッサー）」とは、「ストレスのもと」のようなもので、要はあなたにストレスを与えてくるさまざまな環境的要因（状況、出来事、他者とのかかわり、など）のことです。
　「口うるさい上司がいて、その上司の存在がストレスだ」や「書類仕事が溜まっていてストレスだ」の、「口うるさい上司」や「溜まっている書類仕事」が、まさにこのストレス状況に該

当します。

　一方、「ストレス反応」とは、「ストレス状況」が個人に与えるさまざまな影響や、「ストレス状況」によって個人のなかに引き起こされたさまざまな反応のことをいいます。

　先ほどの「ストレスが溜まって、しんどくてたまらない」の「ストレスが溜まった感じ」や「しんどい」という感覚が、まさにこのストレス反応に該当します。「ストレス解消のために、昨日友人とカラオケに行った」というのも、おそらくこの人は何らかのストレッサーによってさまざまなストレス反応が生じ、その反応をなんとかするためにカラオケに行ったのでしょう。

　このように「ストレス」を、個人を取り巻く環境における「ストレス状況」と、そのストレス状況に対して生じる個人における「ストレス反応」に分けてみることで、その人を取り巻くストレスの有り様を具体的にとらえることができるようになります。

　次節で紹介する認知行動療法の基本モデルは、この心理学的ストレスモデルにもとづいています。自分自身のストレスについて考えるとき、そして自分自身のストレスの問題に対して認知行動療法を適用するときは、まず、この「ストレス状況」と「ストレス反応」という2つの視点からとらえるようにしてみてください。

## ◎ Aさんのストレスを見てみよう

いくつか具体例を挙げてみましょう。

図1-2はAさんのストレスを示したものです。Aさんを取り巻く「ストレス状況」には、「上司が口うるさい」「報告業務が溜まっている」など、仕事のことが多く挙げられています。それに対する「ストレス反応」としては、「上司を見るだけでうんざりする」「業務を先延ばしにする」といったことが挙げられています。

このように「ストレス状況」と「ストレス反応」に分けてとらえると、Aさんのストレスの有り様が具体的に理解しやすくなります。

### 図1-2 心理学的ストレスモデルでAさんのストレスをとらえる

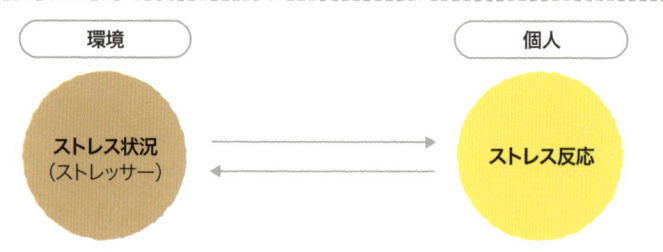

## ◎ Bさんのストレスは？

他の例を見てみましょう。図1-3はBさんのストレスを示しています。

Bさんの「ストレス状況」はAさんとは異なり、仕事ではなくプライベートでの彼との関係にかかわることのようです。

彼からのメールの返事が遅かったり、休みの日に彼と会えなかったり、携帯にかけてみたら電源が入っていなかったりといったストレス状況に対して、Bさんのなかには、「このままうまくいかなくなるんじゃないか」「他に好きな人ができたのでは」という不安や心配が生じたり、落ち着かなくて何度も電話やメールをしてしまったり、不安や心配のせいで眠れなくなったりといったストレス反応が生じています。

### 図1-3 心理学的ストレスモデルでBさんのストレスをとらえる

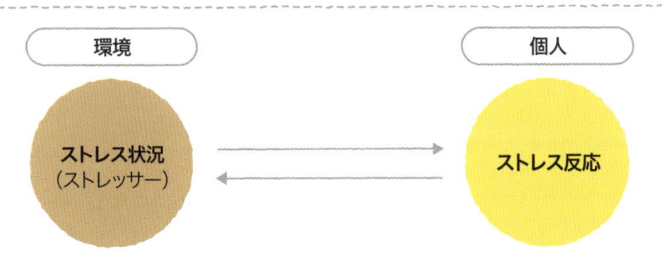

## ◎ さらにCさんの場合は？

さらに他の例を見てみましょう。図 1-4 はCさんのストレスを示しています。

Cさんにとっての「ストレス状況」は、対人関係というより、家のなかが散らかっているという物理的な環境が大きいようです。Cさんはそのようなストレス状況に対して、その原因を主婦そして母親としての自分の能力のなさに帰属させ、落ち込むというストレス反応を起こしています。「ストレス反応」の欄を見ると、Cさんがひたすら落ち込んでいるのがよくわかるかと思います。

**図 1-4 心理学的ストレスモデルでCさんのストレスをとらえる**

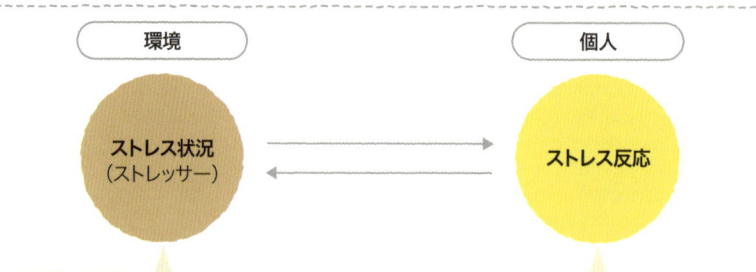

## ◎ 同じような状況なのに D さんのストレスは違う

　もう1つ、例を挙げます。Dさんの例です。図1-5をご覧ください。
　DさんはCさんと全く同じで、家のなかが散らかっているという環境そのものが「ストレス状況」であるようです。しかし興味深いことに、それに対する「ストレス反応」はCさんとは全く異なったものになっています。
　Cさんは自分を責めたり落ち込んだりするというストレス反応を示していましたが、Dさんはそれとは対照的に、「散らかす一方の子どもたちや家事をしない夫に対する怒り」という形でストレス反応が生じています。そしてその結果、Cさんのように自分を責めるのではなく、むしろ「どうでもいい」というなげやりな気持ちになっています。

**図 1-5 心理学的ストレスモデルで D さんのストレスをとらえる**

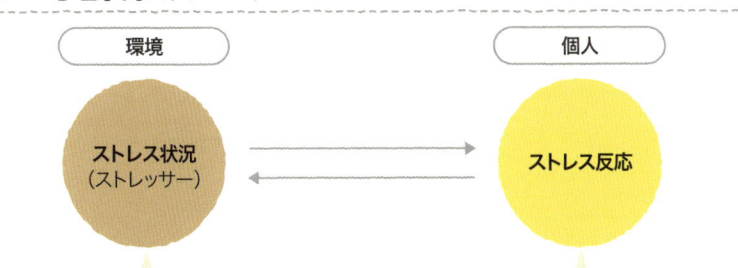

ここまでで、ストレスを「ストレス状況」と「ストレス反応」に分けてとらえてみる、ということについて、具体的にご理解いただけたかと思います。

## ◎ 自分のストレスの有り様に気づくのが第一歩

認知行動療法は、ストレスの問題を自己改善するための心理学的手法なのですが、なかでも「自己改善」がポイントになることは冒頭でお伝えしたとおりです。その第一歩は、今現在の自分自身のストレスの有り様に自分で気づき、理解することです。ぜひ今後、仕事や生活をするなかで何かストレスを感じるようなことがあったら、「今の自分を取り巻く環境には、どのようなストレス状況があるのだろうか」「そのストレス状況に対して、自分のなかにどのようなストレス反応が生じているのだろうか」と自分に問いかけてみて、できれば書き出してみてください（図 1-6 をお使いください）。

心のなかでストレスを感じてモヤモヤし続けるより、ストレスを「ストレス状況」と「ストレス反応」に区別して理解し、さらにそれらを書き出すことによって、自分のストレスの有り様を具体的かつ客観的にとらえられるようになり、そのぶんほんの少しかもしれませんが、モヤモヤが少なくなることでしょう。

## 図 1-6 心理学的ストレスモデルで自分のストレスをとらえる

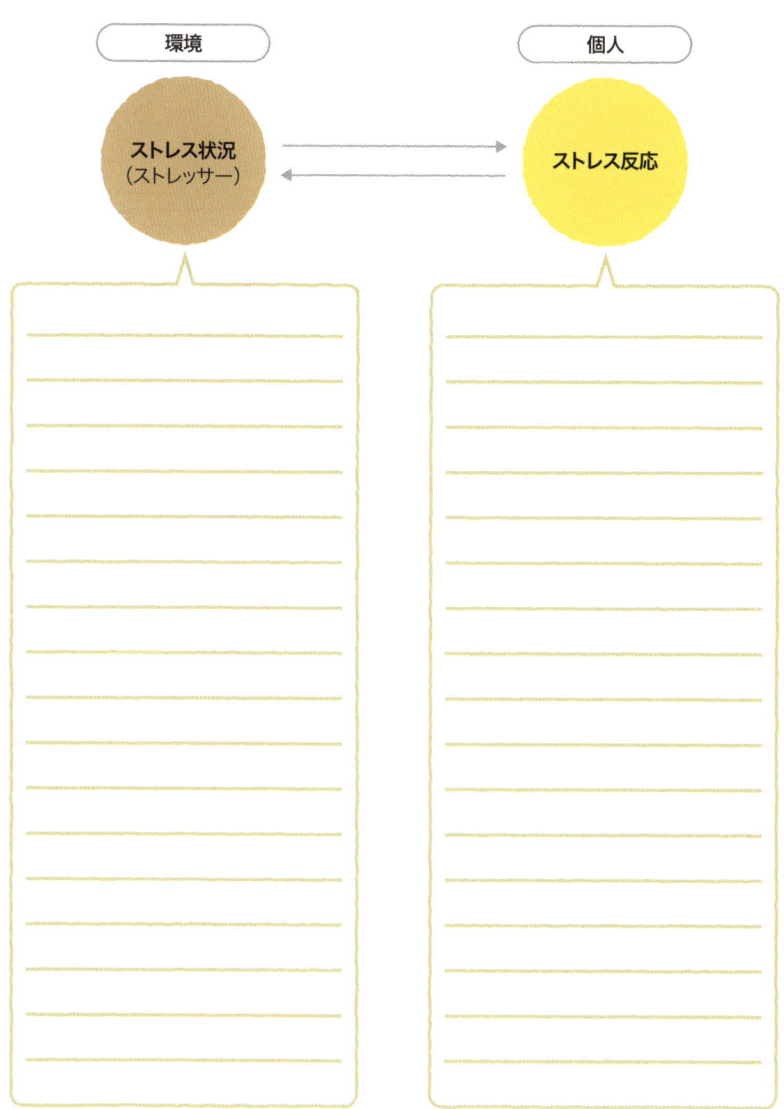

## 1-2 認知行動療法の基本モデル

### ◎ ストレス反応を4つの領域に分けて理解する

　それでは次に、認知行動療法の基本モデルを紹介します。「基本」というだけあって、これから紹介するのは、認知行動療法の根幹を成す大変重要なモデルです。

　この基本モデルにもとづいて自分自身を理解する作業を「アセスメント」と呼びますが、アセスメントがしっかりできればできるほど、認知行動療法の効果が上がります。つまり、認知行動療法の効果を上げるためには認知行動療法の基本モデルをしっかりと理解し、活用することが不可欠だということになります。

　本書でこれから随時紹介するとおり、認知行動療法にはたくさんの「技法」がありますが、どの技法に取り組むのであれ、その前に基本モデルを予めしっかり理解しておく必要があります。そして基本モデルをしっかり理解できていればいるほど、技法の効果が上がります。結局のところ、基本モデルがすべての「基本」なのです。

認知行動療法の基本モデルは、前節で紹介した心理学的ストレスモデルをベースにしています。そしてこのモデルにおける「ストレス反応」をもう少し細かく見ていこうというのが、認知行動療法になります。

具体的にいうと、認知行動療法では、ストレス反応を、〈認知〉〈気分・感情〉〈身体反応〉〈行動〉の4つの領域に分けて理解しようとします（図 1-7）。4つの領域それぞれを解説しましょう。

### 図 1-7 ストレス反応を 4 つに分ける

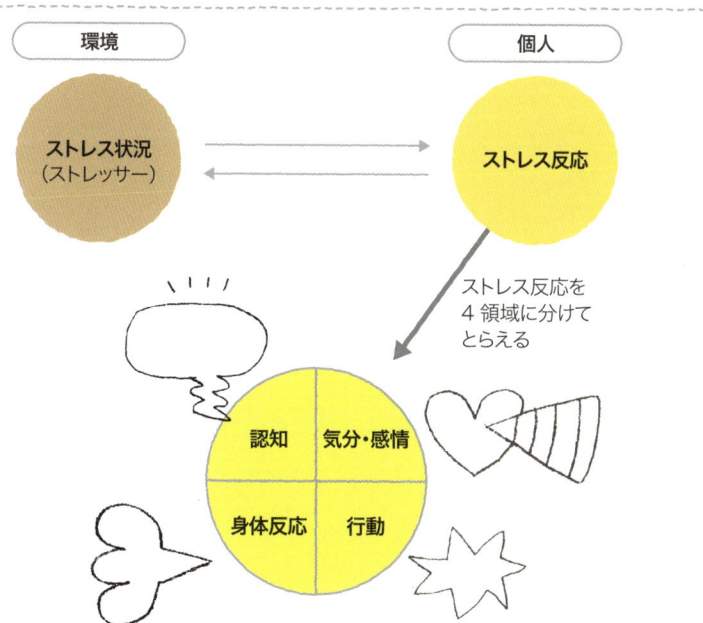

## 〈認知〉とは

### ◎ Aさんの〈認知〉は？

「頭のなかに浮かぶ考えやイメージ」のことを〈認知〉といいます。私たちの頭のなかでは、朝から晩までさまざまな考えやイメージが浮かんでは消える、ということが繰り返されています。それらの考えやイメージをひっくるめて〈認知〉と呼びます。

たとえば図 1-2 に戻ってAさんのストレス体験を見てみましょう。

Aさんは、同僚が突然病院を辞めると言い出したというストレス状況に対して、「私だって辞めたいよ」「自分だけ辞めるなんてずるい」と思う、というストレス反応を起こしていますが、この「私だって辞めたいよ」「自分だけ辞めるなんてずるい」というのが、まさにそのときAさんの頭のなかに浮かんでいる考えですから、これらが〈認知〉です。

### ◎ Bさんの〈認知〉は？

図 1-3 のBさんの体験を見てみましょう。

彼となかなか連絡がとれないというストレス状況に対して、Bさんは、「このままうまくいかなくなるんじゃないか」と思って不安になったり、「他に好きな人ができたのでは」と

思って心配になったりしていますね。まさにこの「このままうまくいかなくなるんじゃないか」「他に好きな人ができたのでは」というBさんの思いが、〈認知〉に該当します。

## ◎ 状況は同じでも、CさんとDさんの〈認知〉は違っている

図1-4のCさんの場合、家のなかが散らかっているという状況に対して、「自分には家事能力がない」「子どものしつけがなってないからこんなに散らかるんだ」「私は主婦としても母親としても失格だ」という考えが、Cさんの頭のなかに浮かんだ〈認知〉ということになります。

図1-5のDさんの場合、同じく家のなかが散らかっているという状況ですが、図1-5を見ると、「散らかす一方の子どもたちに怒りを感じる」「家事を全くしない夫に対して怒りを感じる」とありますから、おそらくDさんの頭のなかには、Cさんとは異なる別の〈認知〉が生じていると推測できます。

たとえば子どもたちに対しては、「なんでこの子たちは物を散らかすことしかできないのかしら！」「出したら出しっぱなしで、結局いつも私が片付けるはめになるんだ！」といった認知が生じているかもしれません。また夫に対しては、「家事を何もかも私に押し付けて、ずるい！」「私だって働いているのに、なんで私ばっかり家のことをしなければならないの！」といった認知が生じているかもしれません。図1-5にある「もうどうでもいい」というのも、Dさんの頭のなかに浮かんだ考えですから、これも〈認知〉です。

このように、同じ状況に対する認知がCさんとDさんではかなり異なっていることがわかります。

## ◎ ネガティブ、ポジティブ、ニュートラル……すべて〈認知〉

今紹介した認知の例は、すべてストレス反応から取ったものなのでネガティブな傾向が見られますが、実際に私たちの頭に浮かぶ認知はネガティブなものに限りません。

たとえば何か美味しいものを食べていて「ああ、これすごく美味しいなぁ。調味料は何を使っているんだろう？」と思うのも、あるいは美しい景色を眺めながら「あぁ、なんてきれいな夕日なんだろう。いつまでも眺めていたいなぁ」と思うのも、デートの待ち合せをしているとき「今日はこれからどこに行くのかな。観たい映画があるから、できれば映画館に行きたいな。夜はレストランを予約したって彼が言ってたけど、どんなレストランだろう。楽しみだな」と思うのも、すべて「頭に浮かぶ考え」ですから〈認知〉です。

認知にはネガティブなものも、ポジティブなものも、ニュートラルなものも、すべて含まれます。

## ◎ 映像によるイメージも〈認知〉

ところで具体例を通じてこれまで紹介した〈認知〉はすべて、「頭のなかに浮かぶ考えやイメージ」のなかでも、特に「考え」のほうでした。「考え」は主に言葉によって構成されます

が、私たちの頭に浮かぶ〈認知〉には「言葉による考え」だけでなく、「映像などによるイメージ」も含まれます。

 たとえば上司にきつく叱られたという出来事があったとして、その日仕事から帰る道すがら、自分を叱る上司の顔や声が映像のようによみがえってくる、といったことはよくあることだと思います。この場合、頭に浮かぶ上司の顔や声そのものがイメージであり、したがってそれらを〈認知〉であるとみなします。

 私は歯医者が大嫌いなのですが、歯医者の予約が入っている前日の夜、「あぁ、明日は歯医者だなぁ」と思うと、診察台で痛みに耐えている自分の姿が自然とイメージされます。この場合、「あぁ、明日は歯医者だなぁ」というのも〈認知〉（言葉による思考）ですし、「診察台で痛みに耐えている自分の姿」というのも〈認知〉（映像によるイメージ）です。

 イメージとしての認知も、ネガティブなものだけではありません。たとえば何らかのきっかけで過去の楽しかった出来事や体験が自然と思い出されるようなことがあるでしょう。その場合、頭に浮かぶ出来事や体験の記憶そのものがイメージであり、認知であるといえます。

 家族や恋人など大切に思っている人の顔が、これも何らかのきっかけでパッと頭に浮かぶことがあるという人がいます。この場合、パッと頭に浮かぶその人の顔そのものがイメージであり、認知です。家に大好きなケーキがあることを知っていて、そのケーキのことを思い浮かべながら、「帰ったら、あれ（ケーキを）食べよう」と思う場合、頭に浮かぶケーキのイメージも

認知ですし、「帰ったら、あれ食べよう」という考えも認知です。

「頭に浮かぶ考えやイメージ」がすべて〈認知〉であるということが、ご理解いただけたでしょうか。

## 〈気分・感情〉とは

### ◎ 〈気分・感情〉とは、短い言葉で言い表せる、その時々の心の状態のこと

実は〈気分・感情〉を、言葉で定義するのは非常に難しいものがあります。認知が頭に浮かぶもろもろの現象だとすると、気分・感情は、「心で感じるその時々の感覚や気持ち」としか言い様がありません。

ちなみに気分は英語で mood、feeling、感情は英語で emotion と表現します。日本語でも英語でも、気分・感情はごく短い言葉で表現できる、というのがその特徴です。ですから〈気分・感情〉とは、「短い言葉で言い表せる、その時々の心の状態」と定義することができるかもしれません。

### ◎ 〈気分・感情〉の例

言葉で定義をしようとするとますます難しくなってしまうので、例を挙げます。

## 〈気分・感情〉の例

- うれしい ●楽しい ●ウキウキする ●ワクワクする
- 喜び ●いい気分 ●爽快感 ●愛しい ●恋しい ●懐かしい
- 期待感 ●万能感 ●やる気 ●落ち着き ●平静 ●静か ●平和
- おかしい ●愉快 ●希望 ●気合 ●ハッピー ●幸せ
- ラッキー ●くつろぎ ●リラックス ●穏やか ●さわやか
- さっぱり ●緊張 ●不安 ●心配 ●気がかり ●気になる
- 嫌な予感 ●苦しい ●苦痛 ●不快感 ●落ち着かない
- 落ち込む ●憂うつ ●泣きたい ●イライラする ●驚き
- ハッとする ●がっかり ●絶望感 ●落胆 ●びっくり ●残念
- 惜しい ●あきらめ ●無力感 ● 無気力感 ●むかつく
- 怒り ●腹立たしい ●不愉快 ●やるせない ●不可解
- 不思議 ●うざい ●悲しい ●つらい ●さみしい ●孤独
- 受け身 ●やりきれない ●怖い ●恐怖 ●不幸 ●不信感
- 怪訝 ●ショック ●疲れた

　いかがでしょうか？　例を見れば、〈気分・感情〉とは、短い言葉で言い表せる、その時々の心の状態であるということがご理解いただけるかと思います。〈気分・感情〉には「うれしい」や「愉快」といったポジティブなものや、「不安」や「恐怖」などネガティブなものがあり、さらに「気になる」や「ハッとする」などポジティブともネガティブとも一概にいえないものもあり、実にさまざまです。

## 〈身体反応〉とは

◎ 〈身体反応〉とは、身体に現れる
　あらゆる生理的な反応のこと

　〈身体反応〉とは、身体の内側や表面に現れる、主に生理的な反応のことをいいます。これも例を挙げたほうがわかりやすいと思いますので下を見てください。

### 〈身体反応〉の例
- 動悸 ● ドキドキする ● 心臓が波打つ感じ ● 頭痛
- こめかみが痛む ● 頭がガンガンする
- 頭がしめつけられる感じ ● 頭がボーッとする
- 頭がクラクラする ● めまい ● 足元がふらつく ● 頭がかゆい
- 背中がかゆい ● 背中がゾクゾクする ● 背中が痛い ● 肩凝り
- くしゃみが出る ● 涙が出る ● 手足が震える
- 首の付け根が痛い ● 疲労感 ● 顔に汗をかく
- 手足に汗をかく ● 腋の下に汗をかく ● 手足が冷たくなる
- 頭に血が上る ● お腹が痛い ● 胃が痛い ● 胃が重い
- 口のなかが苦い ● 口が渇く ● 歯が痛い
- お腹にガスが溜まる ● ガスが出る ● 尿意 ● 便意 ● 下痢
- せきをする ● くしゃみをする ● 不眠 ● 中途覚醒 ● 早朝覚醒
- 緊張 ● 硬くなる ● 顔がカーッと熱くなる ● 血の気が引く
- 拳を握り締める ● お腹が鳴る ● 声が震える ● 息苦しい
- 呼吸が速くなる ● 熱が出る ● 呼吸が浅くなる ● 息が止まる

- ●気が遠くなる ●気を失う ●身体に力が入らない

　いかがでしょうか。ここに挙げた例はすべて自分の意思の力ではどうにもならない身体的な現象です。これを認知行動療法では〈身体反応〉と呼んでいます。
　なお、上に挙げた例はすべて、どちらかというとネガティブな反応ですが、身体的反応にもポジティブなものがないわけではありません。
　たとえば、「手足がポカポカする」とか「全身がリラックスしている」とか「（お風呂に入って）さっぱりする」などを挙げることはできますが、ネガティブな反応に比べるとかなり少ないので、上にはあえてネガティブな身体的反応だけを挙げてみました（ただし上に挙げた例がすべて、必ずしもネガティブであると言い切ることはできません。たとえばジェットコースターに乗る前にドキドキするのはむしろ楽しくてワクワクするような体験でしょうし、身体的防衛反応として熱が出たり下痢をしたりすることもあるからです）。

# 〈行動〉とは

## ◎ 〈行動〉とは、外側から見てわかるその人の振る舞いのこと

　〈身体反応〉が「身体の内側や表面に現れるさまざまな現象」だとすると、〈行動〉は、「外側から見てわかるその人の動作、振る舞い、動き方」というふうに定義することができます。第三者から見てもわかるその人の行いや動きをすべて、〈行動〉ととらえるのです。

　たとえば先ほどの〈身体反応〉の一例として、「頭がかゆい」という現象を挙げました。頭がかゆいという身体反応は、当事者だけがはっきりと自覚できる身体感覚です。もし頭がかゆいその人が、それに対して何もせずかゆさに耐えているとしたら、周囲の人はその人の頭がかゆいことを知ることができません。〈身体反応〉はこのように、当事者にははっきりと自覚できるのに周囲にはわかりづらいという特徴があります。

　一方、頭がかゆい人が「頭をかく」という行動をとれば、それは周囲から見ても「頭をかいている」ということがすぐにわかります。頭がかゆい人が両手に荷物を持っており、両手がふさがっているせいでかゆさに耐えながら歩いているとしたら、その場合の〈行動〉は、「人が両手に荷物を持って、歩いている」ということになります。「頭がかゆい」とか「かゆさに耐えながら」というのは、外側から見てもわからないので〈行動〉には含まれません。特に頭はかゆくないのだけれども、そ

の人のいつもの癖で頭をかいている場合の〈行動〉は、やはり「頭をかく」ということになります。つまり頭がかゆくてかいている場合でも、かゆくなくて癖でかいている場合でも、行動としては、同じ「頭をかく」ということになります。

　行動の例は、無限に挙げられます。

〈行動の例〉
- 歩く ●座る ●右手を挙げる ●大声で叫ぶ
- 「ちょっとこっち来てよ」と言う ●本を読む
- 本のページをめくる ●チョコレートをかじる ●ガムを噛む
- 目を閉じる ●横になる ●首をかしげる ●電話をかける
- かかってきた電話をとる ●メモをとる ●深呼吸する
- ため息をつく ●質問する ●質問に答える ●質問を無視する
- 相手をにらむ ●相手に微笑む ●歯を磨く ●テレビを観る
- メールを読む ●メールを送る
- 送られてきたメールを保存する
- 送られてきたメールを消去する ●水を飲む ●ビールを飲む
- ビールを飲みすぎて嘔吐する ●缶コーヒーを握り締める
- 缶コーヒーを飲む ●飲み終わった缶を捨てる

　以上が〈認知〉〈気分・感情〉〈身体反応〉〈行動〉それぞれについての説明でした。先述のとおり、認知行動療法では、ストレス反応をこの４つの領域に分けてとらえようとします。それを示したのが次ページの図 1-8 であり、認知行動療法の基本モデルと呼ばれるものです。

### 図 1-8 認知行動療法の基本モデル

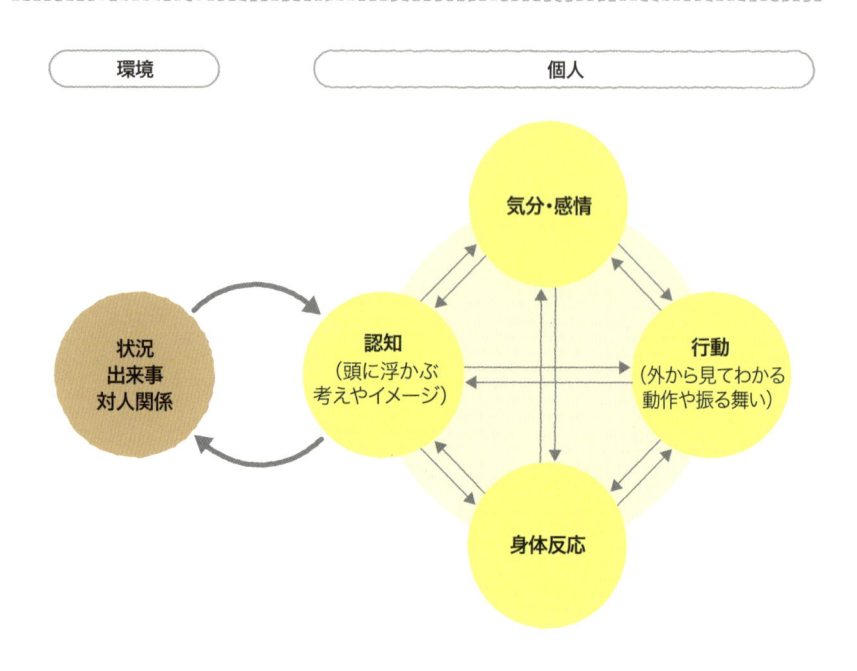

環境：状況／出来事／対人関係
個人：気分・感情、認知（頭に浮かぶ考えやイメージ）、行動（外から見てわかる動作や振る舞い）、身体反応

## ◎ 相互作用的にとらえることが大事

　認知行動療法では、人の体験をすべてこの基本モデルに沿って理解しようとしますが、このモデルで最も重要なのは、「体験を相互作用的・循環的にとらえる」ということです。
　前節でストレスを「ストレス状況」という環境要因と「ストレス反応」という個人要因に分けて、それらの相互作用を見

ました。そこでは「ストレス状況」がどのように「ストレス反応」を引き起こすか、という「ストレス状況→ストレス反応」の流れを中心に説明しましたが、逆の「ストレス反応→ストレス状況」の流れ、すなわち「ストレス反応」から「ストレス状況」に与える影響というのも確実にあります。

　たとえば、再び戻って図 1-3 の B さんの例を見てみましょう。「彼からのメールの返事が遅い」というストレス状況に対して、B さんは、「落ち着かなくて何度も電話やメールをしてしまう」というストレス反応を起こしています（ちなみにこれは、先の認知行動療法の 4 領域でいうと、〈行動〉に分類されます）。さて、B さんが彼に何度も電話やメールをするという反応は、状況にどのような影響を与えるでしょうか？

## ◎「ストレス状況」と「ストレス反応」はぐるぐる相互作用している

　彼がたまたま仕事が忙しくてメールや電話を受けられなかったのであれば、時間ができたときに「仕事が忙しかったんだ。心配かけちゃってごめんね」というメールか電話を B さんにするかもしれません。その場合、「何度も電話やメールをする」という B さんの行動は、「彼が B さんに謝る」という、B さんにとっては望ましい方向に影響を与えているということになります。

　しかし場合によっては、仕事が忙しいときに B さんから何度もメールや電話が入ったことで、「自分の都合で何度もメールや電話をしてきて、うっとうしいなぁ。少しは俺のことも考

てくれよ」と、かえって彼がBさんに不満を抱くようになるかもしれません。その場合、Bさんの行動はBさんにとってはあまりよくない方向で状況に影響を与えたということになります。

　あるいはまた、Bさんの「他に好きな人ができたのでは」という心配が実は当たっていて、Bさんがそのようなことをメールに書いて彼に送った場合、彼はそれを読んでドキッとして、「これ以上詮索されたくない。何事もなかったかのように振る舞わなきゃ」と思って、翌日からBさんに対してものすごく優しくなるかもしれません。

　その場合、Bさんの行動は、「何事もなかったかのように振る舞わなきゃ」という彼の認知と、「ものすごく優しい」という彼の行動を引き起こした、ということになります。この場合、それがBさんにとって望ましい変化なのか、あるいはそうでないかは一概に判断できませんね。

　もしくは、Bさんの「他に好きな人ができたのでは」という心配が実は当たっていて、Bさんがそのようなことをメールに書いて彼に送った場合に、彼が「ばれてしまったのならしょうがない。もうBとは別れよう」と決心し、別れ話を持ち出してきたとしたら、Bさんの「メールを送る」という行動は、「もうBとは別れよう」という彼の認知と、「別れ話をする」という彼の行動を引き起こした、ということになります。

　要は、「彼からのメールの返事が遅い」という状況に対するBさんの反応は、単にそれだけにとどまらず、さらに彼との関係に影響を及ぼし、Bさんを取り巻く状況を変えていき、その状況の変化に対してさらにBさんが反応し……というよ

うに、ストレス状況とストレス反応はぐるぐると相互作用していくのです。

## ◎ ストレス反応の4つの領域も同じく相互作用している

　このように環境（ストレス状況）と個人（ストレス反応）は絶えず循環的に相互作用しており、影響を及ぼし合っています。それと同時に、個人における4つの反応（認知、気分・感情、身体反応、行動）も同様にぐるぐると相互作用しています。

　たとえば、同じく図 1-3 のBさんのストレス反応の欄を見てみましょう。

　「このままうまくいかなくなるんじゃないか」「他に好きな人ができたのでは」というのが、Bさんの頭のなかに浮かんだ〈認知〉です。それらの認知によって、Bさんの心には「不安」「心配」「落ち着かない」といった〈気分・感情〉が生じています。そして「落ち着かない」という〈気分・感情〉のせいで結局Bさんは何度も彼に電話やメールをする、という〈行動〉を起こしています。

　また「このままうまくいかなくなるんじゃないか」「他に好きな人ができたのでは」といった〈認知〉によって生じた「不安」「心配」といった〈気分・感情〉のせいで、「眠れなくなる」という〈身体反応〉が生じています。

　図 1-3 には書いてありませんが、そのようなことで不眠に陥ってしまったら、きっとその翌日は、身体がしんどかったり仕事のパフォーマンスが落ちてしまうかもしれません。また

不安や心配な気持ちがそのまま残ってしまったら、その結果、「こんなに心配なのだから、やっぱり彼とはうまくいかないに違いない」という〈認知〉が生じ、さらに不安や心配が高じて、彼の家まで押しかける、といった〈行動〉をとるかもしれません。

このように、個人の反応を認知行動療法の基本モデルに沿ってとらえると、〈認知〉〈気分・感情〉〈身体反応〉〈行動〉がそれぞれ独立に存在しているのではなく、互いに影響を及ぼし合っていることがよく理解できるかと思います。

### ◎ 書き出してみると、モヤモヤが軽減する

さて、前節で私は、自分のストレスを「ストレス状況」と「ストレス反応」に分けてとらえ、それらを書き出してみることでストレスによるモヤモヤが少し軽くなると説明しました。本節で紹介した認知行動療法の基本モデルを使って、心理学的ストレスモデルよりもさらにきめ細かく状況や反応を整理して書き出すことをすると、さらにその「モヤモヤ軽減」効果は高まります。

先にも説明したとおり、基本モデルを使って自分の体験を理解したり整理したりするプロセスのことを「アセスメント」と呼びます。アセスメントは、認知行動療法のなかでも最も重要な営みであり、アセスメントがうまくいくかどうかが認知行動療法の成否を左右するといっても過言ではありません。

アセスメントについてはこのあとの第2章で再度説明しま

すし、本書の事例でも何度も解説しますので、読者の皆さんには本書全体を通じてアセスメントの進め方や重要性について理解していっていただければと思います。

## 1-3 階層的認知モデル

### ◎ 必要に応じてときどき活用してください

　前節では、認知行動療法の基本モデルについて紹介しました。「基本」というだけあって、認知行動療法では絶対に欠かせない重要なモデルです。本書では認知行動療法を用いたさまざまな事例を紹介していきますが、どの事例にも必ずこの基本モデルが登場します。

　しかし実は、これだけが認知行動療法のモデルではありません。認知行動療法には他にもいくつかモデルがあり、必要に応じてそれらを活用し、役立てます。本節では、基本モデルに次いで頻繁に活用される認知行動療法のモデルを紹介します。
　ただし今から紹介するのは基本モデルとは異なり、「必須」ではありません。「必要に応じてときどき活用する」というぐらいのものですので、「認知行動療法に触れるのは本書が初めて」という方で、「前節の基本モデルだけでも理解するのが精一杯」という方は、本節を飛ばしてもらってもかまいません。
　本書を読み進め基本モデルについての理解が深まったら、も

う一度戻って、このもう1つのモデルにチャレンジしてみる、という方法でも全く問題ありませんので、それについてはご自身で選択してください。

## ◎ 認知には浅いレベルと深いレベルのものがある

さて、本節で紹介するモデルは「階層的認知モデル」と呼ばれるものです。図1-9をご覧ください。

**図 1-9 階層的認知モデル**

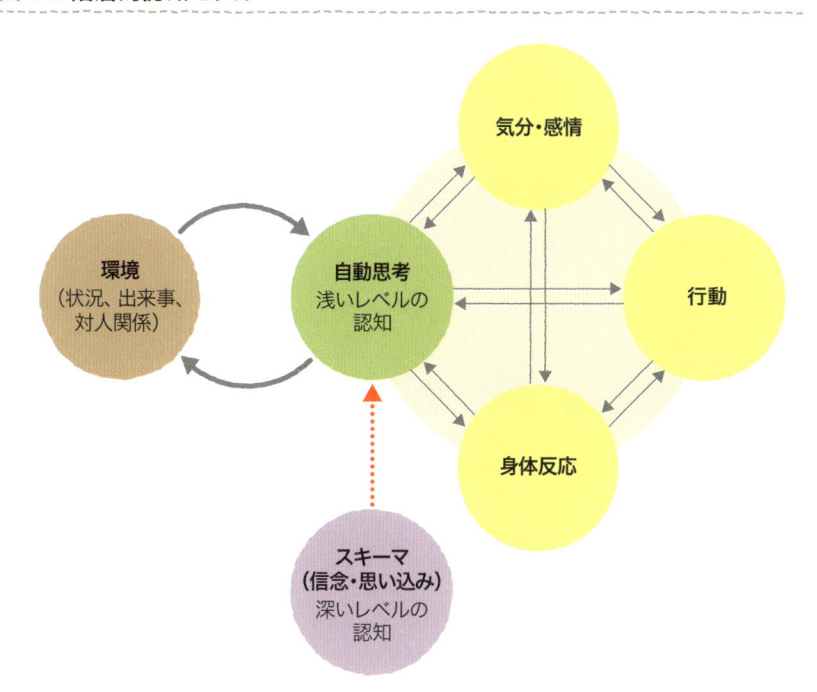

（環境（状況、出来事、対人関係）／自動思考 浅いレベルの認知／気分・感情／行動／身体反応／スキーマ（信念・思い込み）深いレベルの認知）

〈認知〉とは、先述したとおり「頭のなかに浮かぶ考えやイメージ」のことですが、頭のなかの考えやイメージにも、浅いレベルのものと深いレベルものがあり、〈認知〉を「浅い」「深い」と階層的に区別することができるということを、この階層的認知モデルは表しています。

　ちなみにここで言う「浅い」「深い」とは、意識に上りやすいレベルのものを「浅い」、意識に上りにくい、奥底にあるレベルのものを「深い」と表現しています。

　「浅い」から意味がない、重要でないということではありませんし、「深い」から重要である、ということでもありませんのでご注意ください。浅いレベルの認知のほうが意識に上りやすいので、自分でそれをつかまえやすい、ということになります。

## ◎ 浅いレベルの〈認知〉が「自動思考」

　浅いレベルにある〈認知〉は「自動思考」と呼ばれています。自動的に勝手に湧き上がってくる思考という意味です。自動思考は英語でいうとautomatic thought、すなわちオートマティックな思考ということになります。ちなみにイメージも自動思考に含まれます。

　自動思考は朝から晩まで私たちの頭のなかに浮かんでは消え、浮かんでは消え、ということを絶えず繰り返しています。

　たとえば朝、目覚まし時計が鳴る音で目が覚めたとします。

「えー、もう起きる時間なの？　眠たい。もっと寝ていたい」という自動思考が浮かぶかもしれません。カーテンを開けました。晴天です。「いい天気だなぁ。これなら洗濯物がよく乾きそうだなぁ」という自動思考が浮かぶかもしれません。あるいはカーテンを開けたら、雨が降り、風が吹き、ひどい天気です。「嫌だなぁ、なんてひどい天気なんだろう。駅まで歩くのが嫌だなぁ、面倒くさいなぁ」という自動思考が浮かぶかもしれません。

　朝食を食べました。こんがりと焼けたトーストにバターを塗って、一口かじります。「あぁ、美味しい。やっぱり朝ごはんはトーストに限るわ」という自動思考が浮かぶかもしれません。

　トーストを焼こうとしたらパンが切れていることに気づきました。その場合、「あ、しまった！　パンがない！　そうだ、昨日の帰りに買って帰ろうと思っていたのに、忘れてた！どうしよう」という自動思考が浮かぶかもしれません。

　このように、歯を磨いているときでも、食器を洗っているときでも、湯船につかっているときでも、テレビを観ているときでも、メールをチェックしているときでも、とにかく私たちの頭のなかには次から次へと自動思考が浮かび続けています。自動思考の内容はポジティブなものもあればネガティブなものもあり、また特にポジティブとかネガティブとかいうわけではないニュートラルなものもあり、実にさまざまです。

## ◎ 自動思考は容易につかまえることができる

　先ほど私は、浅いレベルの認知は意識に上りやすいのでつかまえやすいと書きました。どうでしょうか。今ご紹介した自動思考は、とてもつかまえやすそうですよね？　私たちは普段いちいち自動思考を意識して生活してはいません。たとえば美味しいものを食べているとき、「あぁ、美味しい！」という自動思考が浮かんだとします。そのとき「あ、今私の頭に"あぁ、美味しい！"という考えが浮かんだわ！」とはいちいち意識しませんよね。

　自動思考とはこのように、私たちがいちいち意識することなく浮かんでは消えていくという特徴をもつのですが、ちょっと意識すれば、実は容易につかまえることができるものでもあります。

　たとえば友だちとの待ち合せに遅れそうで、道を走っている人に、「ねえ、今、どんなことが頭に浮かんでる？　それをそのまま言葉にして実況中継してもらえませんか」とたずねたら、

　「もうやばい。遅れそう。(待ち合せの) 時間まであと3分

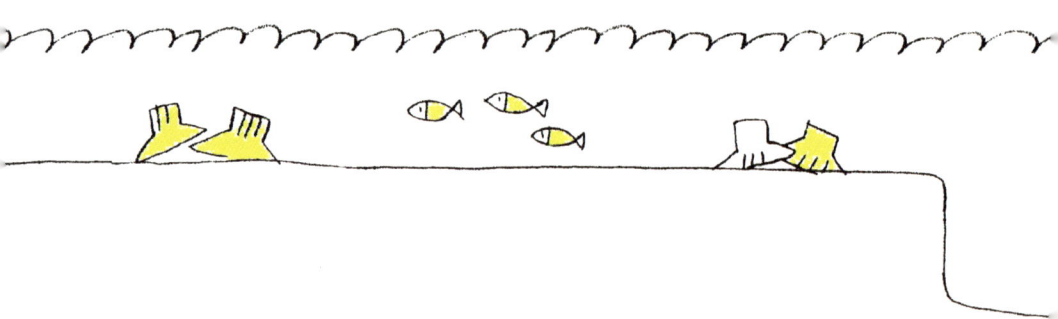

しかない。このまま頑張って走らないと。ああ、でも、走るのって疲れる。でもでも、あの交差点を渡ってしまえば、なんとか間に合いそう。あそこまでは頑張って走ろう。それにしても、あと10分早く家を出れば、こんなに焦らなくて済んだのに。なんで私はいつもこんなふうに時間ギリギリになっちゃうんだろう。本当に嫌になる。ああ、やっと交差点まで来た。青信号だ。なのに、やばい。青信号が点滅しはじめた。どうしよう。でも赤になって青になるのを待っていたら、絶対に間に合わない。よし、このまま走って渡ってしまえ！」

というふうに、走りながら自動思考を声に出して実況中継することができるでしょう（非現実的な話ではありますが）。

自動思考は意識の表面もしくは表面近くにまで浮かぶ思考なので、つかまえようと思えばこのように容易につかまえることができるのです。

## ◎ より深いレベルにある認知が「スキーマ」

ところで今の例に挙げた、待ち合せに遅れそうで、青信号が点滅しはじめた交差点を走って渡ろうとしている人は、なぜそ

のようにしているのでしょう。

　「そんなの当たり前でしょ。待ち合せに遅れそうで、交差点で信号待ちしたらさらに遅れるから、走って渡ろうとしているんでしょ」と思った人がいるかもしれません（これも自動思考ですね）。しかし本当にそれだけでしょうか。待ち合せに遅れそうな人は皆、道を走り、交差点を駆け抜けるでしょうか？

　そうではありませんよね。待ち合せに遅れそうという状況でも、その状況を「ちょっとぐらい遅れてもいいや」とさして気にしない人であれば、走ることなく歩き続けるかもしれません。おそらく上の例に挙げた、待ち合せに遅れそうで青信号が点滅しはじめた交差点を走って渡ろうとしている人は、次のような「思い」すなわち〈認知〉が意識の奥深くにあるのではないかと思われます。

**「待ち合せの時間は守らなくてはならない」**
**「待ち合せの時間に遅れて相手を待たせるのはよくないことだ」**

　これが意識のより深いレベルにあると想定される「スキーマ」に該当します。

　スキーマとはもともと「認知構造」のことを指す認知心理学の用語ですが、とりあえず本書では「意識の深いレベルにあるその人の信念や思い込み」をスキーマの定義としておきましょう。その人の「ものの見方」や「価値観」がスキーマであると考えてもよいかもしれません。

先に紹介した自動思考と異なり、スキーマ（信念、思い込み、ものの見方、価値観）はいちいち意識の表面に上るようなことはありません。なぜならスキーマはその人にとってあまりにも当然のことなので、いちいち意識する必要がないからです。

## ◎ その人にとって当たり前の信念が「スキーマ」

　上に紹介した、「もうやばい、遅れそう」と思いながら走っている人にとって（「もうやばい、遅れそう」が自動思考ですが）、「待ち合せの時間は守らなくてはならない」「待ち合せの時間に遅れて相手を待たせるのはよくないことだ」というのは、あまりにも当たり前のことなので、走りながらいちいちそのようなことが自動思考として思い浮かんだりはしません。
　「もうやばい、遅れそう」と思って走っている人に、「今、"待ち合せの時間は守らなくてはならない"という考えがあなたの頭に浮かんでいますか？」とたずねたら、「そんな当たり前のこと、わざわざ頭に思い浮かべるまでもないでしょう」と返されてしまうでしょう。それがスキーマです。
　その人にとってあまりにも当たり前な信念やものの見方なので、スキーマ自体が意識の表面に自動思考として浮かんでくることは滅多にないのです。
　しかしそのスキーマが万人にとって当たり前かというと、そうでもありません。「友達との待ち合せには、10分ぐらい遅れてもかまわない」という別のスキーマを持っている人であれば、例に挙げた人のように「やばい」とは思わないでしょうし、青

信号が点滅している交差点を走って渡ろうとはしないでしょう。
　今、例に挙げている、「もうやばい、遅れそう」と思いながら道を走り、交差点を走っている人のスキーマは、実は他にもあります。

**「交通法規はなんとかギリギリ柔軟に守ればOKである」**

　この人は、青信号が点滅しはじめたことに気づいたにもかかわらず、約束に遅れないようにするため走って渡ろうとしています。厳密に交通法規を守るとしたら、青信号が点滅しはじめたら、渡らずに止まるべきですね。したがってこの人の交通法規にかかわるスキーマは、「交通法規はなんとかギリギリ柔軟に守ればOKである」というものであると思われます。これもスキーマですから、この人が交差点を走って渡ろうとしているときに、「交通法規はなんとかギリギリ柔軟に守ればOKである」といちいち思ったりはしていないでしょう。
　さらにこじつけっぽくなりますが、この人にはさらに別のスキーマがあります。

**「車に轢かれたくない」**

　「車に轢かれようが、何されようが、どうでもよい」という投げやりな（？）スキーマの持ち主であれば、あるいは「このオレ様が交差点を渡っているのだから、車のほうこそオレ様が渡りきるまで待つべきだ」という自己中心的（？）なスキーマ

の持ち主であれば、この例の人のように、青信号点滅の交差点を走って渡ろうとはしないかもしれません。つまりこの人は、交差点を走って渡ろうとするときに、いちいち意識することはないでしょうが、心の奥底に「車に轢かれたくない」といったスキーマがあるはずなのです。

## ◎ 自動思考の裏に必ず「スキーマ」あり

このように、「待ち合せの時間まであと3分しかないが、まだ待ち合せ場所まで距離がある」という状況に対して、ある人のなかに「やばい、遅れそう」という自動思考が浮かび、「道や交差点を走る」という行動をとる、というのはごくごく自然な流れのように見えますが、実はそこには、「待ち合せの時間は守らなくてはならない」とか、「待ち合せの時間に遅れて相手を待たせるのはよくないことだ」とか、「交通法規はなんとかギリギリ柔軟に守ればOKである」とか、「車には轢かれたくない」といった、その人なりのスキーマ（信念、思い込み、ものの見方、価値観）が介在していることがおわかりいただけたでしょうか？

前にも述べたとおり、認知行動療法でまず重要なのは、前節で紹介した「基本モデル」です。基本モデルに沿って環境と個人の相互作用をとらえ、個人の体験を〈認知〉〈気分・感情〉〈身体反応〉〈行動〉の相互作用としてとらえていくことが、すべての基本になります。

その際、基本モデルでいう〈認知〉は、主に自動思考である

とみなしてもらってかまいません。最もつかまえやすい自動思考から〈認知〉を理解していくのです。

　しかし自動思考レベルだけではその人の体験を理解しきれない場合や、より深いレベルの認知を把握することで、その人の体験をしっかりと明確に理解できるような場合は、今ご紹介した「階層的認知モデル」を活用することがあります。この「階層的認知モデル」はちょっとわかりづらく、人によっては、難しいと感じられるかもしれません。のちに本書で紹介する事例でも、「スキーマ」が登場しますので、事例を読みながら改めて本節をおさらいしていただければ、もう少し理解しやすくなるかと思います。

第 2 章

# アセスメントしてみましょう

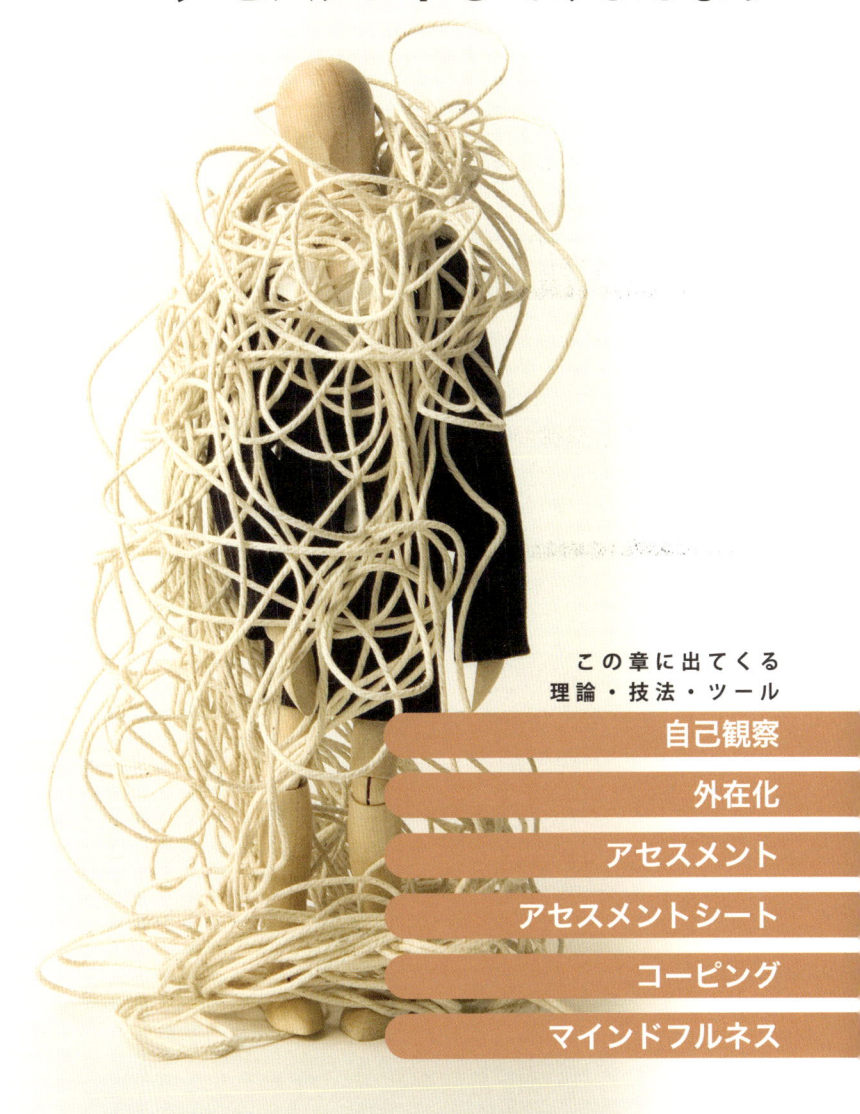

この章に出てくる
理論・技法・ツール

**自己観察**

**外在化**

**アセスメント**

**アセスメントシート**

**コーピング**

**マインドフルネス**

## 2-1 アセスメント

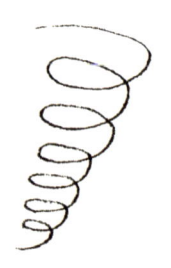

　認知行動療法のモデル（基本モデルや階層的認知モデル）を使って、自分の体験を理解したり整理したりするプロセスのことを「アセスメント」といいます。

　基本モデルを用いたアセスメントは認知行動療法で最初に行う作業であり、かつ最も重要な作業でもあります。アセスメントの実際のやり方については本書の第3章やBOOK2に出てくる事例で具体的に示しますので、ここではアセスメントのエッセンスを抽出して解説します。

　とはいえ、わかりやすくするために、簡単な例を通じて説明していきましょう。

### ◎ ストレス体験を「ネタ」にする

　認知行動療法の基本モデルや階層的認知モデルは、どんな体験にも活用することができます。言い換えれば、ポジティブな体験であれ、ネガティブな体験であれ、ニュートラルな体験であれ、認知行動療法のモデルを使ってアセスメントすることは可能です。

　ただしストレスとうまく付き合うために認知行動療法を活用

しようというのであれば、ご自分のストレス体験を題材にしてアセスメントを行うのがよいでしょう。そのためにまず重要なのは、自らのストレスに気づくことです。今の自分にはどのようなストレス状況があり、それに対してどのようなストレス反応を起こしているか、それに気づき、理解することです。

アセスメントを行うには、「ネタ」が必要です。ご自身のストレス体験をアセスメントのネタとして活用するのです。

## ◎ 花子さんのストレス体験をアセスメントする

ここでは花子さんのストレス体験をネタとして、アセスメントについて簡単に紹介していくことにします。

> **花子さんのストレス体験**
>
> 同僚ナースの里美さんが、花子さんに対し、「相談」と称して頻繁に話しかけてきたり、電話をしてきたり、メールを送ってきたりする。最初は親身になって話を聞いたりアドバイスしていたが、まるで「のれんに腕押し」な感じで、アドバイスに従うことも一切なく、同じような内容の相談が繰り返されている。里美さんは花子さんの都合におかまいなしに話しかけたり電話をしてくるため、仕事の手が止まったり、自宅でくつろいでいる時間が中断されることも頻繁である。最近は里美さんから相談されるのがうっ

とうしくなり、里美さんが近づいてきたり、里美さんからのメールの受信に気づいたりすると、それだけで気が重くなったり怒りを感じたりする。

## ◎ ストレス状況とストレス反応に分ける

まずは前節で紹介した心理学ストレスモデルにあてはめて、花子さんのストレスを「ストレス状況」と「ストレス反応」に分けて、整理してみましょう（図 2-1）。

### 図 2-1 ストレスモデルで花子さんのストレスをとらえる

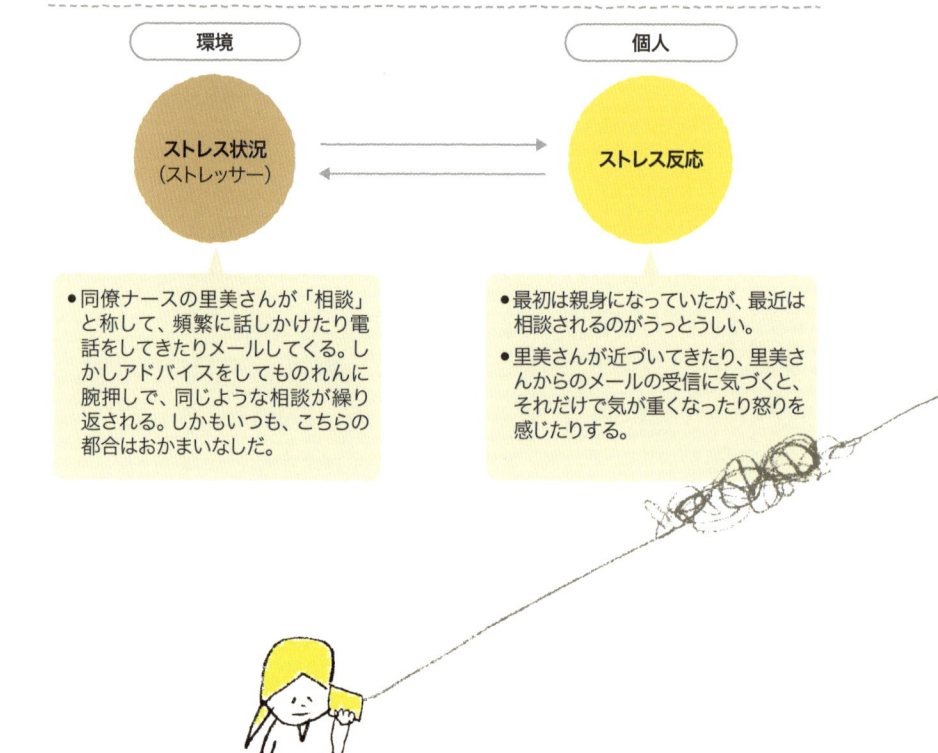

**環境**　　　　　　　　　　　　**個人**

**ストレス状況（ストレッサー）** ⇔ **ストレス反応**

- 同僚ナースの里美さんが「相談」と称して、頻繁に話しかけたり電話をしてきたりメールしてくる。しかしアドバイスをしてものれんに腕押しで、同じような相談が繰り返される。しかもいつも、こちらの都合はおかまいなしだ。

- 最初は親身になっていたが、最近は相談されるのがうっとうしい。
- 里美さんが近づいてきたり、里美さんからのメールの受信に気づくと、それだけで気が重くなったり怒りを感じたりする。

## ◎ 基本モデルに沿って自己観察してみる

　ストレス体験に気づき、ストレスモデルにもとづいてざっと整理したら、今度は認知行動療法の基本モデルを使って、具体的なストレス状況と、それに対するストレス反応を〈認知（特に自動思考）〉〈気分・感情〉〈身体反応〉〈行動〉の４領域に沿って、さらに細かく具体的に自己観察してみます。

　花子さんの場合、次に里美さんが近づいてきたときが自己観察のチャンスです。
　里美さんが自分に近づいてきたとき、どんな自動思考が頭に浮かび、その結果どんな気分・感情になるのか、そして身体にはどんな反応が出るのか、そのときどういう行動をとるのか。
　里美さんが「相談があるの」と自分に話しかけてきたとき、どんな自動思考が頭に浮かび、その結果どんな気分・感情になるのか、そして身体にはどんな反応が出るのか、そのときどういう行動をとるのか。
　里美さんの相談がなかなか終わらないとき、どんな自動思考が頭に浮かび、その結果どんな気分・感情になるのか、そして身体にはどんな反応が出るのか、そのときどういう行動をとるのか。
　里美さんがやっと話し終わり、立ち去ったあと、どんな自動思考が頭に浮かび、その結果どんな気分・感情になるのか、そして身体にはどんな反応が出るのか、そのときどういう行動を

とるのか……。

　このように、ストレスを体験している最中に、認知行動療法の基本モデルに沿って事細かに自己観察をすることは、アセスメントにとって不可欠で非常に大切な作業です。その場で自己観察したことはあとで忘れてしまわないよう、その場で、もしくは直後にメモをとっておくと役立ちます。

## ◎ 自己観察したことをツールに外在化する

　認知行動療法の基本モデルに沿って自己観察した内容を、今度はツールに書き出して整理をしてみます。図 2-2 に、私たちが普段用いているアセスメントのためのツール（アセスメントシート）を提示します[*1]。

　ツールの上半分が基本モデルに該当します。自己観察した内容をここに書き出すのです（ツール下部の「コーピング」および「サポート資源」については、次節以降で説明しますので、今は気にしないでください）。

　花子さんが自己観察した内容を、アセスメントシートの基本モデルの部分に書き出したものを、図 2-3 に示します。

　花子さんは里美さんが近づいてきて、「ねえ、相談があるんだけど」と言われたときのことをネタとして自己観察を行い、それをツールに書き出しました。図 2-1 のストレスモデルに比べ、花子さんの体験がさらに具体的に整理されているのがおわかりいただけるかと思います。

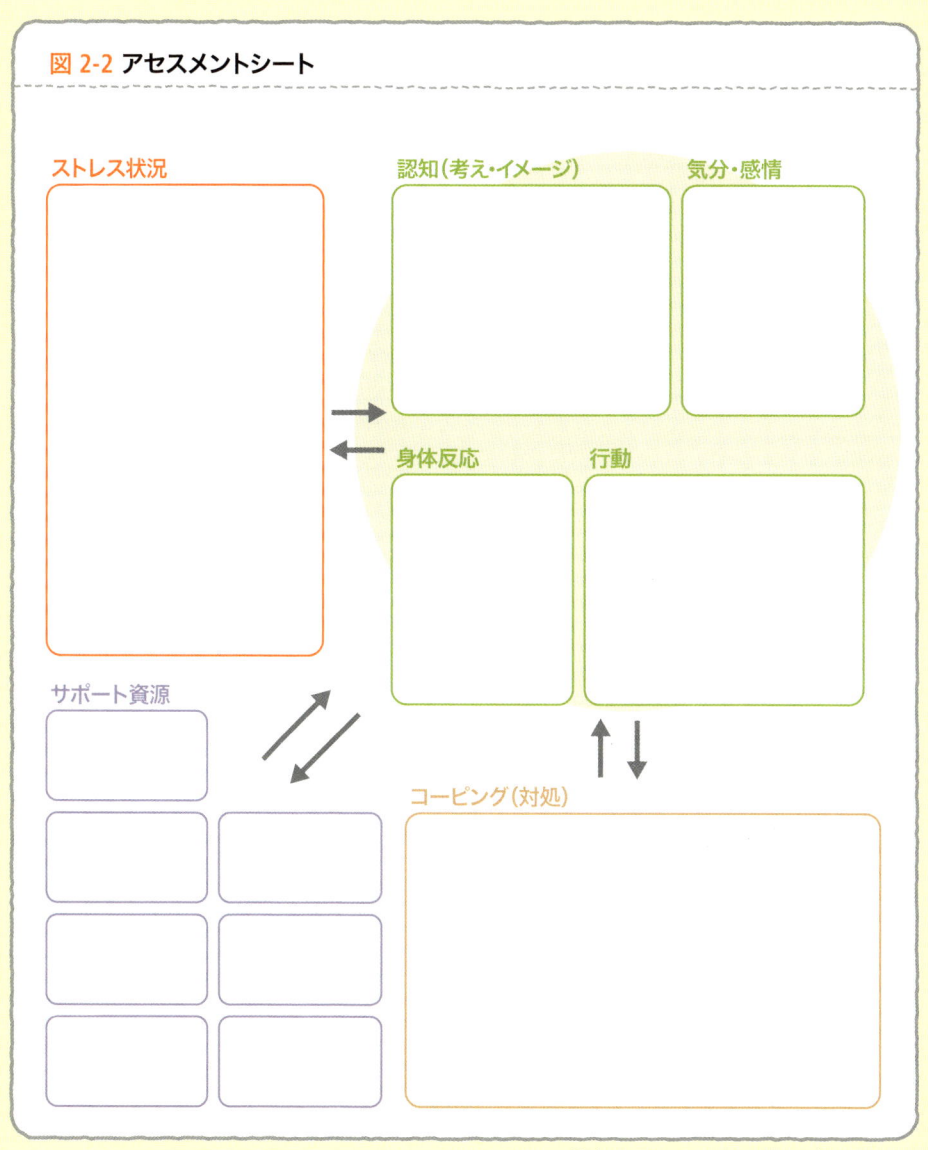

第2章 アセスメントしてみましょう

図 2-2 **アセスメントシート**

ストレス状況

認知（考え・イメージ）

気分・感情

身体反応

行動

サポート資源

コーピング（対処）

©洗足ストレスコーピング・サポートオフィス

以下、本書に出てくる上記アセスメントシートは、すべて「©洗足ストレスコーピング・サポートオフィス」扱いとします。

### 図 2-3 花子さんが作成したアセスメントシート

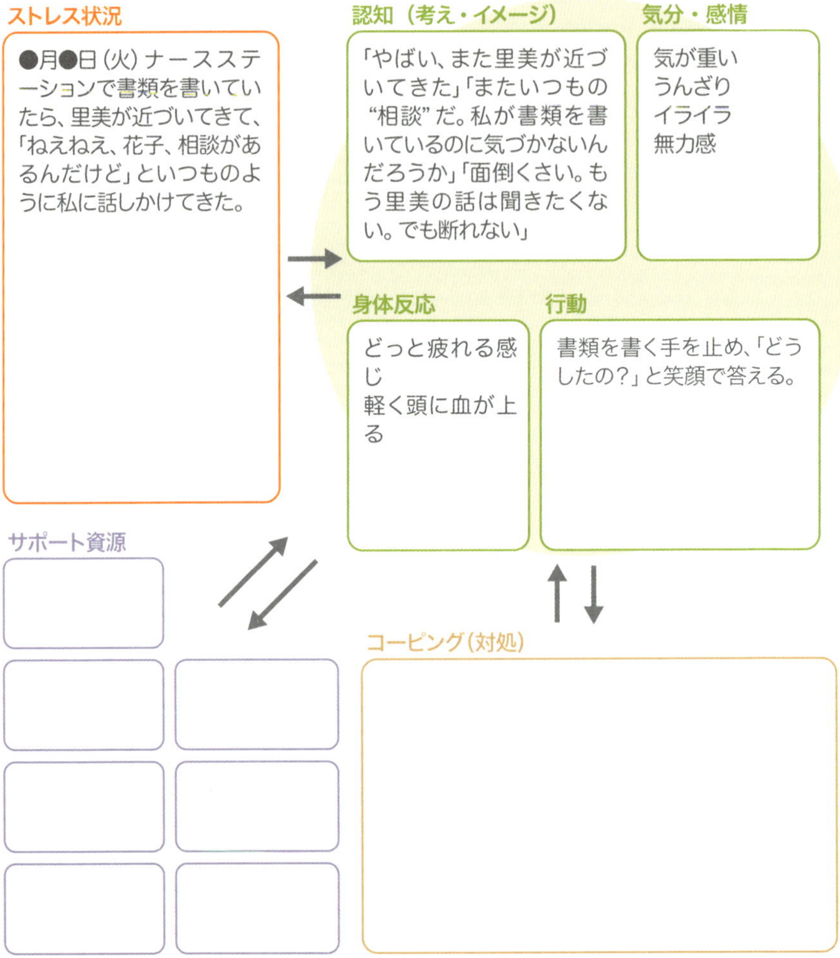

**ストレス状況**

●月●日（火）ナースステーションで書類を書いていたら、里美が近づいてきて、「ねえねえ、花子、相談があるんだけど」といつものように私に話しかけてきた。

**認知（考え・イメージ）**

「やばい、また里美が近づいてきた」「またいつもの"相談"だ。私が書類を書いているのに気づかないんだろうか」「面倒くさい。もう里美の話は聞きたくない。でも断れない」

**気分・感情**

気が重い
うんざり
イライラ
無力感

**身体反応**

どっと疲れる感じ
軽く頭に血が上る

**行動**

書類を書く手を止め、「どうしたの？」と笑顔で答える。

**サポート資源**

**コーピング（対処）**

## ◎ 書き出したら、悪循環の有り様が理解しやすくなる

図 2-3 のアセスメントシートの上部、つまり基本モデルに該当する部分を見ると、里美さんが近づいてきて、「ねえねえ、花子、相談があるんだけど」といつものように話しかけてきたという状況において、花子さんの頭のなかにさまざまな自動思考が浮かんだことがわかります。

具体的には、「やばい、また里美が近づいてきた」「またいつもの"相談"だ。私が書類を書いているのに気づかないんだろうか」「面倒くさい。もう里美の話は聞きたくない。でも断れない」といった内容です。

これらの自動思考によって、花子さんには「気が重い」「うんざり」「イライラ」「無力感」といった気分・感情が生じ、それと共に身体的には「どっと疲れる感じ」や「軽く頭に血が上る」といった反応が生じました。

興味深いことに、これだけストレスを感じているというのに花子さんは、「書類を書く手を止める」という行動をとり、さらに笑顔を作って「どうしたの？」と里美さんに応答しています。これらの行動はおそらく上の「でも断れない」という自動思考が関係しているものと思われます。花子さんはこうして、聞きたくもない里美さんの相談を、仕事の手を止めてまで、またしても聞く羽目に陥ってしまったのです。

このように、ストレスとなる体験を認知行動療法の基本モデ

ルを使って細かく自己観察し、さらにその内容をツールに書き出すことで、悪循環の有り様が非常に理解しやすくなります。図2-3のアセスメントシートには、花子さんが「ドツボにはまっていく様子」がよく表れていると思いませんか？

## ◎ 外在化したものを眺めて「どうなっちゃってるのか」を知る

　ところで、このように自分のストレス体験を紙などのツールに書き出すことを、認知行動療法では「外在化」といい、大変重視しています。というのも、次に述べるように、外在化することで、私たちは自らのストレス状況やストレス反応を距離を置いて眺め、客観的に理解したり整理できるようになるからです。この「外在化」についても、BOOK 2以降の事例で具体的に紹介していきます。

　「外在化」し、自らのストレス体験に距離を置き、それを眺めることができるようになると、その結果、まずストレス状況やストレス反応の悪循環の有り様を具体的に理解できるようになります。「理解できる」というのはとても重要なことです。もちろん理解できたからといってストレス反応が大幅に緩和されるわけではありませんが、「どうなっちゃっているのか」がわからなければ、「（悪循環から）どうやって抜け出すか」という手立てを考えることができないからです。

## ◎ 自己理解が深まる

　またツールに外在化した自分の体験を客観的に眺めることは、単に悪循環を理解するだけでなく、自分自身を理解するための助けにもなります。自分の考え方、感じ方のパターンや行動のパターンを、それまでよりも深く理解できるようになるのです。

　少し大げさな表現になってしまいますが、「よりよく生きる」ためには、「自分はどのような人間か」を理解することが不可欠であると私は信じています。ストレスと上手に付き合うために役立つ認知行動療法ですが、アセスメントの作業を通じて自己理解が深まれば、ストレスと付き合うためだけでなく、自分自身が「よりよく生きる」ことにも役立てることができるのです。

## ◎ やってみた花子さんの感想は？

　さて、「里美さんからの相談」というストレス状況とそれに対するストレス反応を、認知行動療法の基本モデルに沿って自己観察し、さらにそれをツールに外在化した花子さんは、その外在化されたものを眺め、次のような感想を述べました。

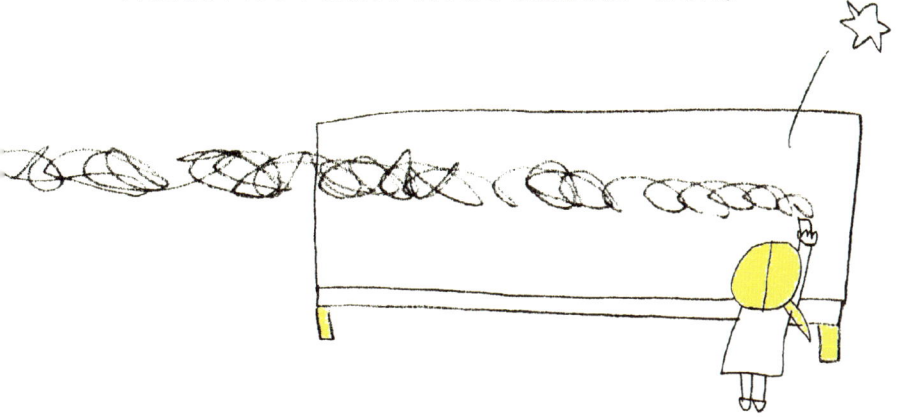

### 外在化されたものを眺めた花子さんの感想

- 里美が近づいてくるだけで、自分のなかにたくさんの自動思考が湧くように出てくるのに気づき、驚いた。
- 自動思考を書き出してみて、自分は里美の相談にほとほとうんざりしているのだなぁと感じた。
- 自動思考の結果、さまざまな気分・感情や身体反応が生じるのだということがよくわかった。「聞きたくない。でも断れない」といった自動思考によって、すごくうんざりした気分になり、それと同時にどっと身体が疲れる感覚が出てくるのを自己観察によって実感した。心と身体が連動しているということもよくわかり、興味深いと思った。
- 私は認知や気分とはうらはらに、やたらと感じのよい態度を里美に対してとってしまっている。なんか偽善者みたい。これじゃ里美は私が喜んで里美の相手をしていると誤解しても無理はない。
- これが他人事なら、「そんなに嫌なら断ればいいじゃん」と思うのだが、なぜか自分はこういうときに断ることができず、むしろいい顔をする自分が出てきてしまう。これは里美に対してだけでなく、他の人に対しても同じだと思う。たぶん自分は人に嫌われたくなくて、だから頼みごとを断ることができず、反射的に「断れない」と思っていい顔をしてしまうのだろう。でもそういう生き方って無理があるし、疲れるなぁと思う。

いかがでしょう？

花子さんの感想を読むと、花子さんが外在化されたアセスメントシートを眺めるなかで、自分のストレス体験の悪循環の有り様を客観的に理解し、さらに自己理解や生き方にまで思いを馳せていることがおわかりいただけるでしょう。

## ◎ アセスメントするときのポイント

以上、認知行動療法におけるアセスメントの手順について、花子さんの例を通じて簡単に紹介しました。さらなる具体例と解説は以降にゆずるとして、ここではアセスメントのポイントを、以下の6点にまとめておきます。

❶ストレス体験をネタにする。
❷ネタを対象に、認知行動療法の基本モデルに沿った自己観察を行う。
❸自己観察した内容をツールに外在化する。
❹外在化された自分の体験を客観的に眺める。
❺ストレス体験における悪循環を理解する。
❻ストレス体験を理解することを通じて、自分自身を理解する。

## 2-2 コーピング

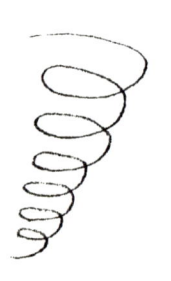

### ◎ どういう悪循環かがわかっただけで不安は減る

　前節で述べたとおり、認知行動療法の基本モデルに沿ってストレス体験をアセスメントすることで、自分がどういう悪循環にはまってしまっているのかを理解することができるようになります。

　「気づく」「理解できる」というのは大変重要なことで、悪循環に巻き込まれていること自体に気づいているのと気づいていないのとでは大違いです（海で深瀬に流されていることに気づくか気づかないかが、大違いであるのと同じです。流されているのに気づくことができれば、助かろうと努力することができますよね）。また、悪循環にただひたすら飲み込まれているのと、飲み込まれてはいるのだけれども、自分がどのような状況にはまり込んでいるのかを理解できているのとでは、やはり大違いです。

　人間は「よくわからない」ということに対して不安を感じるものです。逆に、わからなかったことが少しでも理解できるようになると、それだけで不安が減ります。つまり悪循環に飲み込まれているにもかかわらず、「ああ、自分は今、こういう悪

循環にはまっていて、だからこんなにつらいんだよなー」と理解することができれば、そのぶん苦痛は軽減されます。アセスメントによって「理解する」のはとにかく非常に重要で、認知行動療法においては不可欠な営みなのです。

## ◎ コーピングとは、ストレスに対する意図的な対処のこと

さて、本節では「コーピング」という概念についてお伝えします。「コーピング」も「アセスメント」と並ぶ、認知行動療法における最重要概念です。先に紹介したアセスメントシートにも「コーピング」と書いてある欄がありましたね。

「コーピング」とは「ストレスに対する意図的な対処」のことです。もう少し具体的にいうと、自分を取り巻くストレス状況を改善したり、ストレス状況によって生じたさまざまなストレス反応を緩和したりするために、何らかの対処を意図的にすることを「コーピング」と呼ぶのです。

花子さんの例でいうと、「里美さんが相談を持ちかけてくる」というストレス状況を変えるために、何らかの対処を意図的にすることがコーピングですし、「最初は親身になっていたが、最近は相談されるのがうっとうしい」「里美さんが近づいてきたり、里美さんからのメールの受信に気づいたりすると、それだけで気が重くなったり怒りを感じたりする」といった自分自身のストレス反応を緩和するために、何らかの対処を意図的にすることもコーピングです。

## ◎ アセスメントの作業自体が コーピングだけれど……

　実は、ストレス体験における悪循環を同定し、理解しようとする「アセスメント」という作業そのものも、コーピングとみなすことができます。

　ストレスを感じたときに、「あ、そうだ、この体験を認知行動療法の基本モデルに沿って観察してみよう」と思って自己観察するとか、「あ、そうだ、せっかく観察したのだから、ツールに書き出してみよう」と思って外在化してみるとか、外在化したものを眺めて、「ふうん、自分はこういうふうに悪循環にはまってしまうんだなぁ」と考えてみるといったことは、すべてストレス体験に対する意図的な対処だからです。

　アセスメントというコーピングを行って、ストレス状況が改善されたりストレス反応が緩和されるのであればそれだけで事足りますが、アセスメントだけでは対処しきれないストレス体験もあります。

　アセスメントに他のコーピングを足すことで相乗効果が見込めますので、アセスメントというコーピングを身につけたうえで、さらにそれ以外のコーピングも活用できるようにしておきましょう、というのが認知行動療法の考え方です。

## ◎ 環境・気分・身体反応はいじることができない

　コーピングについて1つだけ、ここで強調しておきたいことがあります。それは私たちが直接的にコーピングすることが可能なのは、認知行動療法の基本モデルの5つの要素（環境、認知、気分・感情、身体反応、行動）のなかでも、〈認知〉と〈行動〉に限られる、ということです。

　私たちは自分を取り巻く環境や状況、対人関係を、直接的に変えることはできません。
　花子さんの例でいうと、「同僚の里美さんが何かにつけて相談を持ち込んでくる」という状況そのものを、直接的に変えることはできません。相談を持ちかけてくる主体は里美さんであり、里美さんの言動を花子さんが好きなように変えることは不可能です。
　いわんや、里美さんの言動がうっとうしいからといって、里美さんの存在を消すことは不可能ですし、またすでに起きてしまっている「同僚の里美さんが何かにつけて相談を持ち込んでくる」という事態を、時間を巻き戻して「なかったことにする」こともできません。すでに発生してしまったストレス状況は、直接いじることができないのです。

　〈気分・感情〉と〈身体反応〉も、〈環境〉同様、私たちは直接コントロールすることができません。

〈気分・感情〉〈身体反応〉を直接コントロールできるのであれば、人生はずいぶん楽になるかもしれません。もし私が自分の気分を直接コントロールできるのであれば、落ち込んだり、不安になったり、イライラしたりせずに、いつでもハッピーな気分でいられるようにするでしょう。でもそれはどう考えても不可能です。たとえ「ハッピーな気分でいよう」と決めたとしても、生きていればいろいろなことがあり、そのいろいろなことに伴って落ち込みや不安やイライラといった気分や感情が生じてくるのは防ぎようがないからです。

　あるいはもし、私が自分の身体反応を直接コントロールできるのであれば、夜ベッドに入った瞬間に深い眠りに落ち、朝は起きた瞬間から心身共にしゃきっとし、何も食べなくてもお腹がすかないようにし（ダイエット成功！）、逆に食べ放題に行ったときにはどれだけ食べてもお腹がいっぱいにならないようにし、頭痛も肩凝りも腰痛も胃痛も頭のかゆみも目のかすみも生理痛も絶対に起こらないようにするでしょう。しかしこれもどう考えても不可能な話ですね。

　花子さんだって、もし気分・感情や身体反応を自由にコントロールできるのであれば、里美さんが相談を持ちかけてきたときに、気の重さやうんざり感やイライラ感を感じないようにすればいいだけの話ですが、そうはいきません。「うんざりしなければいい」と思っても、もうそのように心が反応してしまうのです。同様に、里美さんが相談を持ちかけてきたときに、「どっと疲れる身体の感じ」を感じないようにすることができればいいのですが、やはりそれも不可能です。たとえ感じない

ようにしようとしても、身体がそう反応してしまうのです。

## ◎ コーピングの対象になるのは〈認知〉と〈行動〉だけ

　このように、認知行動療法の基本モデルの5つの要素のうち、〈環境〉〈気分・感情〉〈身体反応〉は、直接コントロールすることができません。これは、〈環境〉〈気分・感情〉〈身体反応〉はコーピングの直接的な対象にはならない、ということを意味します。私たちが直接コントロールしようとすることができるのは、つまり、私たちがコーピングの対象として焦点を当てることができるのは、〈認知〉と〈行動〉だけなのです。

　先ほど私は、〈認知〉とは「頭のなかに浮かぶ考えやイメージ」であると定義しましたが、実は、自然に「浮かぶ」考えやイメージだけが認知ではありません。私たちの頭にはさまざまな考えやイメージが自然と浮かんできますが、それと同時に、私たちは能動的にさまざまな考えやイメージを「浮かべる」こともでき、実はそれらも認知に含まれます。そしてストレス体験に対処するために意図的に何らかの考えやイメージを思い浮かべるとしたら、それは「コーピング」ということになります。

　行動も認知と同じで、思わずとってしまう行動もあれば（たとえば「癖」や「利き手」など。私は左利きなので、もし誰かが私に向かってボールを投げてきたら、思わず「左手を出す」という行動をとるでしょう）、意図的に選択する行動もありま

す（じゃんけんでグーを出すか、パーを出すか、チョキを出すか、私たちはそのつど選んでいますよね）。

ということは、ストレス体験に対処するために、何らかの行動を意図的にとるのであれば、それも「コーピング」ということになります。

## ◎ だから「認知行動療法」なのだ

まとめると、ストレス状況やストレス反応に意図的に対処することが「コーピング」なのですが、コーピングはすべて、認知的コーピングか行動的コーピングのどちらか、もしくはその両方が合わさったものだということになります。

認知行動療法の基本モデルでアセスメントを行い、そこに何らかの悪循環が見られる場合、その悪循環から脱け出すために私たちが自分でできることは、認知の工夫と行動の工夫、言い換えると認知的コーピングと行動的コーピングに尽きます。認知行動療法は、認知と行動のコーピングによって悪循環から脱け出しましょう、ということで、まさに「認知行動療法」という名前なのです。

「認知行動療法」とは、ずいぶん堅苦しくてわかりづらいネーミングだなあと初めに思われた方も、今の説明で「あぁ、なるほど」と納得していただけるのではないかと思います。図2-4 にこのことを表しましたので、併せてご参照ください。

第2章 アセスメントしてみましょう

## 図 2-4 「認知行動療法」というネーミングの意味

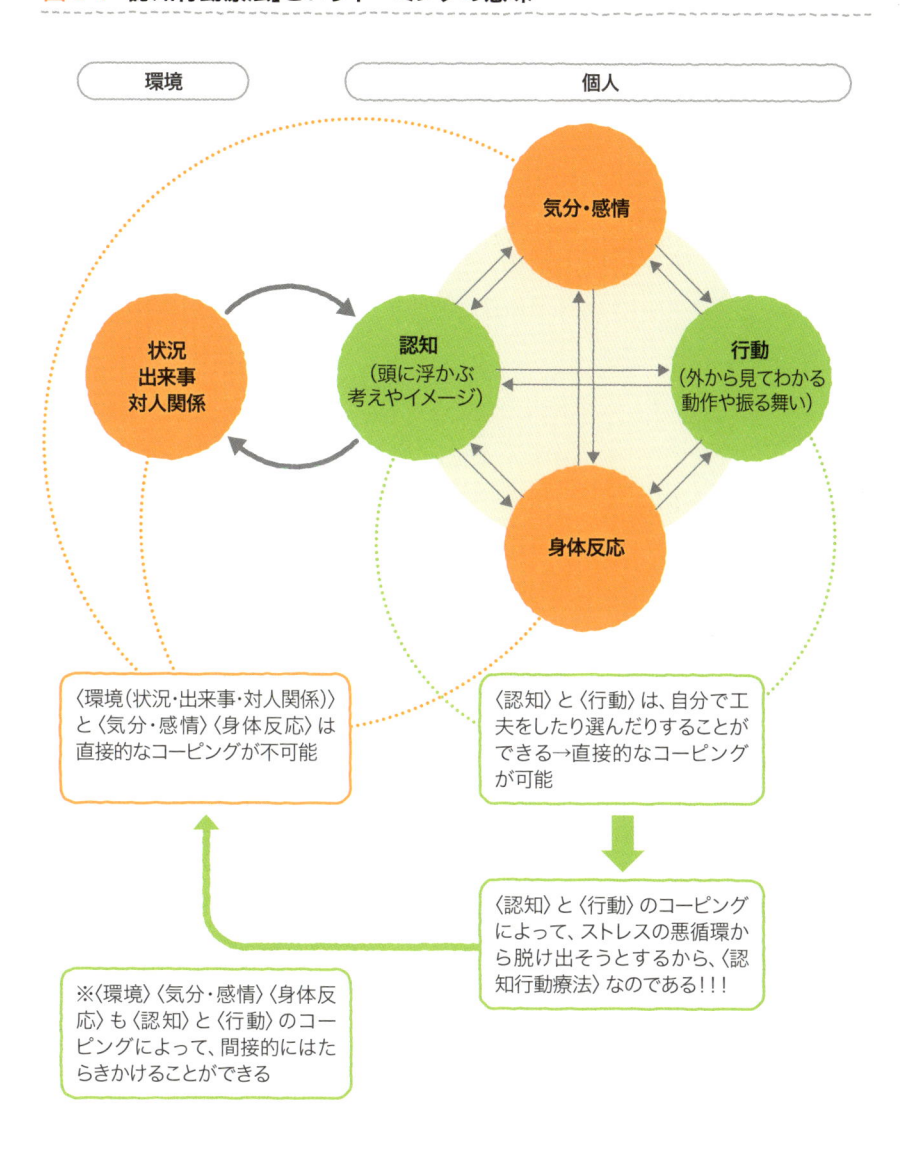

環境 / 個人

- 状況・出来事・対人関係
- 認知（頭に浮かぶ考えやイメージ）
- 気分・感情
- 行動（外から見てわかる動作や振る舞い）
- 身体反応

〈環境（状況・出来事・対人関係）〉と〈気分・感情〉〈身体反応〉は直接的なコーピングが不可能

〈認知〉と〈行動〉は、自分で工夫をしたり選んだりすることができる→直接的なコーピングが可能

〈認知〉と〈行動〉のコーピングによって、ストレスの悪循環から脱け出そうとするから、〈認知行動療法〉なのである！！！

※〈環境〉〈気分・感情〉〈身体反応〉も〈認知〉と〈行動〉のコーピングによって、間接的にはたらきかけることができる

## ◎ 花子さんの例で見てみよう

〈認知〉と〈行動〉であれば直接的なコーピングが可能である、ということについて、先の花子さんのストレス体験を例に具体的に考えてみましょう。p66 に挙げた図 2-3（花子さんの体験を認知行動療法の基本モデルに沿って整理したアセスメントシート）をもう一度ご参照ください。

まず、花子さんがナースステーションで書類を書いていたら、里美さんが近づいてきて、「ねえねえ、花子、相談があるんだけど」といつものように花子さんに話しかけてきた、というのが、この場合の〈環境（状況・出来事・対人関係）〉に該当します。

先にも述べたように、「里美さんが近づいてきて話しかけてくる」という出来事自体を、花子さんが直接どうこうすることはできません。またそのときに生じてしまった気分・感情（「気が重い」「うんざり」「イライラ」「無力感」）も、花子さんの意思の力でなくしたり軽くするのは不可能です。「どっと疲れる感じ」「軽く頭に血が上る」という身体反応も同様です。

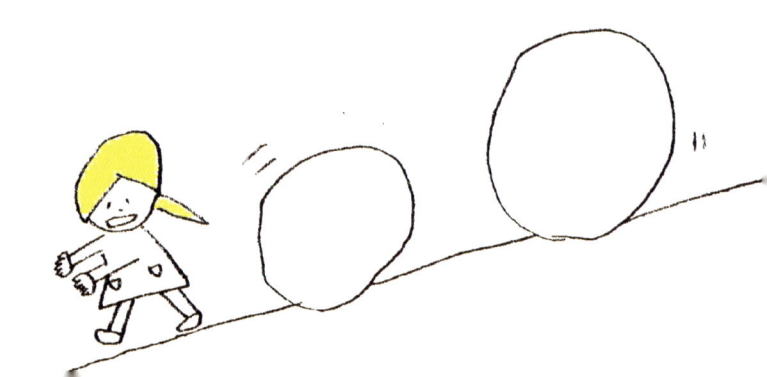

## ◎ 別の思考を、意図的に思い浮かべることは可能

　一方、認知と行動はどうでしょうか。

　里美さんが自分に近づいてきて、「ねえねえ、花子、相談があるんだけど」と言われた瞬間に頭に浮かんだ「やばい、また里美が近づいてきた」「またいつもの"相談"だ。私が書類を書いているのに気づかないんだろうか」「面倒くさい。もう里美の話は聞きたくない。でも断れない」といった認知は、すべてそのとき花子さんの頭に自動的に浮かんできた思考、すなわち「自動思考」です。自動思考は勝手に浮かんでくる思考ですから、自動思考そのものが浮かんでくるのを予め防いだり、いったん浮かんだものを「なかったこと」にはできません。しかし、これらの自動思考が浮かんだあと、花子さんが意図的に別の思考を思い浮かべてみることは可能です。

　たとえばこんな思考です。

❶「里美もストレスが溜まっていて大変なんだろう。私もちょっとしんどいけれども、私が話を聞いてあげることで里美が楽になるのなら、しばらくの間付き合ってあげてもいいかな」

❷「この書類はどうしても今日中に仕上げる必要がある。里美には悪いけれども、そのことを里美に伝えて、今日のところは相談を我慢してもらおう」

❸「里美の相談は聞き飽きた。今日こそ思い切って"今後一切、あなたの相談は聞きたくない"と言ってしまおうか」

❹「そもそも私が"聞きたくない、でも断れない"と勝手に決め付けて、今まで断らなかったから、こういうことになっているんじゃないかな。だとしたら悪いのは里美ではなく、嫌なのにいい顔ばかりしている自分のほうだ。今度時間をとってもらって、実は里美の相談を聞くのがしんどくなってしまっているということを、里美に正直に伝えてみようかな」

思いつくまま４つの認知の例を挙げてみましたが、この４つのどれがいい悪いということではなく、私たちはその気になれば、さまざまな思考を意図的に思い浮かべることができます。自分にストレスを与える自動思考が生じたことに気づいたら、今度は自分のストレスを軽減してくれそうな認知を自分で新たに見つけてみればよいのです。そして新たな認知を見つけ

てみたら、今度はそれに沿って、それまでとは別の行動の案を出し実行してみることができます。

### ❶の認知を採用し、行動したなら

　もし花子さんが①の認知（「里美もストレスが溜まっていて大変なんだろう。私もちょっとしんどいけれども、私が話を聞いてあげることで里美が楽になるのなら、しばらくの間付き合ってあげてもいいかな」）を意図的に思い浮かべることで少し楽になりそうということであれば、この認知を採用し、この認知とつりあう行動を選択することができます。

　この場合、この認知とつりあう行動は、「書類を書く手を止めて、笑顔で"どうしたの？"と答える」といったことが考えられます。この行動は、花子さんがこれまでとってきた行動とほとんど変わらないかもしれませんが、「積極的に里美さんの話を聞く」という選択を花子さん自身がしたことで、〈気分・感情〉（気が重い、うんざり、イライラ、無力感）や、〈身体反応〉（どっと疲れる感じ、軽く頭に血が上る）は緩和されることと思います。

### ❷の認知を採用し、行動したなら

　もし花子さんが②の認知（「この書類はどうしても今日中に仕上げる必要がある。里美には悪いけれども、そのことを里美に伝えて、今日のところは相談を我慢してもらおう」）を意図的に思い浮かべることで、少し楽になりそうということであれば、この認知を採用し、この認知とつりあう行動を選択することができます。

　たとえば里美さんに向かって、「ごめんね、どうしても今日中にこの仕事を仕上げたいから、今話を聞くことができないの。明日にしてもらってもいい？」と答える、といった行動が考えられます。その結果、もしかしたら里美さんは「えー、なんで？ 花子はいつもその場で話を聞いてくれるじゃない。どうしても今相談したいのよ。ねえ、聞いてよ」と強引に相談してこようとするかもしれませんし、「わかった。今日は忙しいんだね。じゃあ明日相談に乗ってね。よろしくね」と言って引き下がるかもしれません。

　里美さんの反応が前者であれば、花子さんのストレス反応はますます強まるかもしれませんし、後者であれば花子さんの〈気分・感情〉（気が重い、うんざり、イライラ、無力感）や、〈身体反応〉（どっと疲れる感じ、軽く頭に血が上る）はだいぶ緩和されるかもしれません。

### ❸の認知を採用し、行動したなら

　もし花子さんが③の認知（「里美の相談は聞き飽きた。今日こそ思い切って"今後一切あなたの相談は聞きたくない"と

言ってしまおうか」）を意図的に思い浮かべることで少し楽になりそうということであれば、この認知を採用し、この認知とつりあう行動と選択することができます。

　たとえば、里美さんに対してあえて顔をしかめてみせ、「悪いけど、もうあなたの相談は一切聞きたくないのよ」と強い語調で言ってみせる、という行動が考えられます。その結果、もしかしたら里美さんは花子さんの反応に驚いて、「わ、わかった……」と引き下がるかもしれませんし、反対に逆ギレして、「何よ、今までニコニコして聞いてくれてたじゃない。嫌だったら最初からそう言ってくれたらよかったのに」と怒ってしまうかもしれません。いずれにせよ、この後の里美さんとの関係は、これまでのものとは変わってしまうことが予測されます。

### ❹の認知を採用し、行動したなら

　もし花子さんが④の認知（「そもそも私が"聞きたくない、でも断れない"と勝手に決め付けて、今まで断らなかったから、こういうことになっているんじゃないかな。だとしたら悪いのは里美ではなく、嫌なのにいい顔ばかりしている自分のほうだ。今度時間をとってもらって、実は里美の相談を聞くのがしんどくなってしまっているということを、里美に正直に伝えてみようかな」）を意図的に思い浮かべることで、少し楽になりそうということであれば、この認知を採用し、この認知とつりあう行動を選択することができます。

　たとえば、その場ではいつものとおり仕事の手を止めて里美さんの話を聞いてあげることにして、後日自分から里美さん

のところに出向いて、「話があるんだけど、ちょっと時間をもらっていい？」と話しかけ、里美さんの相談が自分にとってストレスになってしまっていることを正直に伝える、といった行動が考えられます。その結果、そのときは多少イライラしたり身体の疲れを感じながら、いつものように里美さんの相談を聞くことになるけれども、後日自分の気持ちを正直に伝えることで、里美さんの相談のあり方が変わってくるかもしれません。

このように、〈認知〉と〈行動〉であれば花子さんが自分で選択できること、そして花子さんの選択した〈認知〉と〈行動〉の結果、直接はコントロールすることが難しい花子さん自身の〈気分・感情〉や〈身体反応〉が変化しうること、さらにその後の里美さんの言動や里美さんとの関係、つまり〈環境（状況、出来事、対人関係）〉も変わりうることが、おわかりいただけたかと思います。

### ◎ 認知と行動が変わるだけで、他の要素も変化する

今の花子さんの例で示したとおり、〈認知〉と〈行動〉だ

けに目を向けることによって、その2つのみならず、他のすべての要素も変化することになります。〈認知〉も〈行動〉も、他の要素（〈環境〉〈気分・感情〉〈身体反応〉）と循環的に相互作用し合っているため、〈認知〉と〈行動〉の変化は、結果的に他の要素の変化ももたらすわけです。

「認知行動療法は個人の反応ばかりに目を向けて、その人を取り巻く環境にアプローチしようとしない」と批判を受けることがあります。しかし、実際はそうではなく、もし環境にアプローチするのであれば、〈認知〉と〈行動〉をどのように工夫すればよりよく環境にはたらきかけることができるだろうか、という問いを立てるのが認知行動療法なのです。

花子さんの例でも、花子さんが自分の反応を変えずにいたら、里美さんが頻繁に相談をしてくるという〈環境（状況、出来事、対人関係）〉はなかなか変わらないと思われますが、先の例のように、花子さんが自分自身の認知や行動を工夫することで（すなわち認知的コーピングと行動的コーピングを行うことで）、結果的に里美さんの言動や里美さんとの関係性が変わりうるということは、おわかりいただけたかと思います。

## 2-3 認知行動療法の進め方

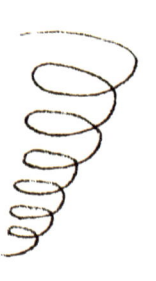

### ◎ 段取りに沿って、トレーニング

　第1章の冒頭でお伝えしたとおり、認知行動療法とは、「ストレスの問題を〈認知〉と〈行動〉の側面から自己改善するための考え方と方法の総称」です。そのような考え方や行動をその人自身に身につけてもらって、ストレスと上手に付き合えるようになってもらうのが目的です。つまり認知行動療法は一種のトレーニングのようなものなのです。

　何かを身につけるには、一定の段取りが必要です。以下にその段取りを示します。この段取りは、治療者や援助者と共に認知行動療法を身につける場合も、「自主トレ」を通じて自分自身で認知行動療法を身につける場合も、全く同じです。

　本書を参考に認知行動療法を自主トレされる読者の方は、ぜひ以下に示す段取りに沿って、トレーニングを進めていくことをお勧めします。

　まず段取り全体を示し、その後、1つ1つについて解説を加えます。これらについても具体的には本書とBOOK2に挙げ

る事例を通じて、さらに詳しく学べるようになっています。

> **段取り**

❶ターゲットとする「困りごと」を決める
❷その「困りごと」についてアセスメントを行う
❸悪循環にかかわる認知と行動を同定し、目標を立てる
❹目標を達成するための技法（新たに身につけるべきコーピング）を選択する
❺日常生活において繰り返し技法を練習する
❻効果を検証する
❼すべての技法（コーピング）を一生使い続ける
❽必要性や機会があれば、他の人に認知行動療法を教えてあげる

### ❶ターゲットとする「困りごと」を決める

まずどのような「困りごと」に焦点を当てて、認知行動療法を進めていくかを決めます。困りごとはできるだけ具体的に表現するのがよいでしょう。たとえば「人間関係で困っている」というよりは、「同僚のたび重なる相談に困っている」とするほうが具体的ですし、それよりもさらに「里美さんが相談を頻繁に持ちかけてきて、自分がそれを断ることができないので困っている」と表現するほうが具体的ですね。

### ❷その「困りごと」についてアセスメントを行う

①で決めた「困りごと」に関するエピソードを1つ選び、

認知行動療法の基本モデルに沿ってアセスメントを行います。アセスメントを行うことでその困りごとの悪循環の有り様が具体的に外在化されます。

### ❸悪循環にかかわる認知と行動を同定し、目標を立てる

　②のアセスメントで外在化された悪循環のポイントとなっている認知と行動を探し出します。悪循環を引き起こしたり、悪循環を維持するのに一役買っていたりする認知や行動がそれに該当します。そのような、悪循環に大きくかかわっている行動や認知を同定したうえで、それがどのように変化すれば悪循環が解消されうるのか、目標を設定します。

### ❹目標を達成するための技法（新たに身につけるべきコーピング）を選択する

　③で設定した目標を達成するために役立つと思われる技法を選択します。認知行動療法にはさまざまな技法があります。認知行動療法の最初に行う「アセスメント」も技法の一種で、このアセスメントだけはどの事例でも不可欠な技法なのですが、他の技法は目標を決めてから、それに沿って選択して実施する技法になります。

　技法が身につけば、その人はそれを新たなコーピングとして日常生活において幅広く活用できるようになります。つまり技法とは、「その人が自身のために、新たに身につけるべきコーピング」であると言い換えることができます。

❺**日常生活において繰り返し技法を練習する**

　認知行動療法の技法はすべて、日常生活において繰り返し練習し身につける類のものです。したがって④で技法を選択したら、あとはひたすら練習です。それもできるだけスモールステップで、少しずつ練習していきます。

　自動車教習所で少しずつ車の運転を覚えるのと同じで、一気に身につけてできるようになる、というのではなく、一段一段階段を上るように少しずつ身につけていき、使いこなせるようになるのが認知行動療法の技法です。

❻**効果を検証する**

　技法を練習し続けるうちに、それが次第に身につき、新たなコーピングとして使えるようになります。そうなると自然に悪循環が解消されたり、悪循環にはまりそうになったときに自分で抜け出せるようになったりします。それが認知行動療法の効果です。

　効果を検証するには、再度、認知行動療法の基本モデルを使ったアセスメントを行うのが非常に役に立ちます。いかに自分が悪循環にはまりにくくなったか、いかに悪循環にはまりかけたときにそこから自ら脱出できるようになったかが、ツールに外在化することで違いとして実感できます。

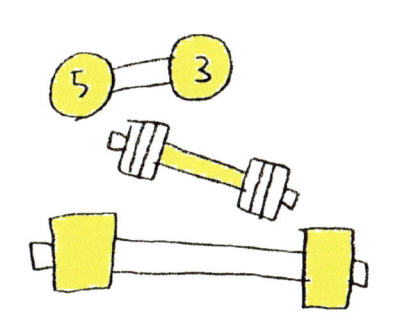

❼すべての技法（コーピング）を一生使い続ける

　一度技法を身につけてコーピングとして使いこなせるようになったら、あとはそれを一生使い続けていきます。人生にストレスはつきもので、ストレスのない生活はあり得ません。だとすると、認知行動療法で身につけたさまざまな技法＝コーピングをぜひ日常的に使い続け、ストレスと上手に付き合っていただきたいと思います。

❽必要性や機会があれば、他の人に認知行動療法を教えてあげる

　自分自身のために認知行動療法を使いこなせるようになったあと、必要性や機会があれば、今度はぜひ他の人に認知行動療法を教えてあげる立場になってください。ナースの方であれば、患者さんのケアや部下や後輩の面倒をみる際、認知行動療法をその方々に教えてあげることができるでしょう。教員であれば、学生の指導やケアをする際、認知行動療法を導入することができるでしょう。

　認知行動療法は一度身につければとても役に立つツールです。そのツールを自分1人だけで使うのはもったいないですよね。ですから自分のために使いこなせるようになったあとは、ぜひこの便利なツールを他の人に手渡して、皆が認知行動療法というツールを使いこなせるようになるよう手助けしてください。

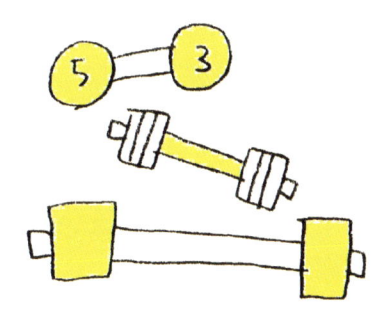

第2章 アセスメントしてみましょう

## 2-4 認知行動療法の適応と限界、および実施にあたっての注意点

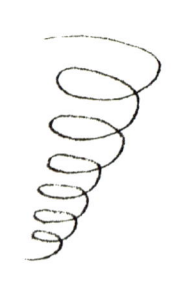

### ◎ ストレスで苦しんでいる人には大きな効果があるが……

　ときどき、「認知行動療法はどのような人に向きますか？」といった質問を受けます。どのような人に向いていて、どのような人に向いていないか、といったエビデンスは今のところありませんし、私も現場で使っていて「この人には向いている」「この人には向いていない」など、「向いているか否か」といった判断をすることは、まずありません。

　そもそもストレスと上手に付き合うための考え方と方法が認知行動療法であるのであれば、生きていてストレスのない人などいるはずがありませんから、「生きている人すべて」に認知行動療法は役に立つということになりますし、実際にそうだろうと私自身は考えています。

　ストレスの問題で苦しんでいれば苦しんでいるほど、認知行動療法がその人にもたらす効果は大きいはずですので、「認知行動療法はどのような人に向きますか？」という質問に対して

強いて答えるとすれば、「生きている人すべてに適用できます。特に、ストレスの問題で苦しんでいる人には大きな効果をもたらすでしょう」と答えることになるでしょう。

ただし認知行動療法といえども「万能薬」ではありません。すべての薬や治療法と同じように、やはり限界や副作用や注意点があります。それを以下に説明します。

## ◎ 環境要因が大きいストレスの場合は まず環境調整が必要

　認知行動療法の基本モデルには〈環境〉という要素が含まれています。そしてアセスメントでは個人を取り巻く環境と個人の反応との相互作用をまず把握する、というように認知行動療法では"環境"的要因を非常に重視しています。

　またコーピングの項でお伝えしたとおり、認知行動療法では確かに新たな認知的コーピングと行動的コーピングに取り組みますが、それによって間接的に環境にはたらきかけていくことも十分に視野に入れており、単に「個人の認知と行動が変わりさえすればよい」と想定しているわけではありません。

　このように認知行動療法は、個人を取り巻く環境というものに常に目配りしながら進めていくわけですが、そうはいっても環境的要因があまりにも重大なときには、認知行動療法を悠長にやっている場合ではなく、できるだけ直接的にその環境的要因にアプローチする必要があるのは当然のことです。

たとえば先ほどの花子さんの例であれば、花子さんが自分の認知や行動に何らかの工夫をすることで（すなわち花子さん自身のコーピングによって）、ストレス状況が改善したりストレス反応が緩和したりすることが期待できます。しかし、花子さんが上司から重大なパワーハラスメントを受けているとしたらどうでしょう。それは花子さん自身のコーピングでパワハラというストレス体験と上手に付き合っていきましょう、という類の話ではなく、職場が責任を持ってパワハラをやめさせて、花子さんの環境を安全なものにしなければなりません。

　たとえば私のところに専業主婦のクライアントが認知行動療法を受けに来談したとします。話を聞いてみたところ、彼女は夫にひどい暴力を日常的にふるわれており、その結果うつ状態に陥ってしまっています。

　その場合、認知行動療法家の私がすべきことは、「夫にひどい暴力をふるわれる」というストレス体験を悠長にアセスメントして、そのようなストレス体験とどうやって上手に付き合うか、彼女自身のコーピングを探すことではなく、そのようなひどい環境から彼女が離れるための手助けをすることです。

　ただし私自身がそのような手助けをする手立てを持っているわけではありませんから、弁護士や警察や女性のためのシェルターなど、彼女が今の環境から逃れるための直接的な手助けをしてくれる専門家のところに行くよう助言することぐらいしかできません。

　つまり、環境要因があまりにも重大な場合、認知行動療法はそれほど効果を発揮することができないのです。認知行動療法

を実施する場合は、頭の片隅に常にこのことを置いておき、認知的コーピングと行動的コーピングだけに固執しないようにすることが必要だと思います。

## ◎ 精神疾患治療中であれば、主治医と相談してからはじめること

　本書は、この本を読んで、読者自身が自分のために認知行動療法を使えるようになることを目指しています。けれども、もしあなたがうつ病や不安障害など精神科の疾患にかかっていて治療中である場合は、主治医に必ず相談して、主治医の許可をとってからはじめるようにしてください。

　というのも、認知行動療法は確かにとても役に立つ心理学的トレーニングではありますが、症状や状態によってはそれをすることで負荷がかかり、症状や状態がむしろ悪化することがあるからです。脚を骨折して回復途上にある人がジョギングやスクワットといったトレーニングをしてもいいかどうか、専門的な判断が必要であるのと同じです。

　私がお勧めするのは、すでにうつ病などの精神疾患にかかり治療を受けている最中の方には、まず治療を通じて急性期から回復していただき、回復期・維持期に入ったと判断されたら、再発予防を視野に入れて認知行動療法をはじめることです。その場合も決して無理はせず、少しずつ丁寧に進めていくようにしてください。

　また特にうつ病の場合、認知行動療法を適用することで、ま

れに「躁転」(うつ病相から躁病相に転ずること) が起こる可能性があります。急に、睡眠時間が短くても平気になる、次から次へとアイディアが浮かんでくる、自分が何でもできるような気がしてたまらない、エネルギーが湧き上がってきていろいろなことがしたくなる、いろいろなことをしているのに疲れを感じない、といった現象が起きたら (要は極端に元気で活動的になったら)、直ちに主治医に相談するようにしてください。

### ◎ 即効性はない。根気強く取り組む必要がある

　一般的にいわれているのは、認知行動療法は、他の心理療法と異なり、進みが速く効果が出やすいということです。確かにそうであると私も思うのですが、だからといって認知行動療法に即効性を求めることのないようご注意ください。あくまで「他の心理療法よりは効果が出るのが早い」というだけの話であり、「すぐに効く」というものでは決してありません。

　もし認知行動療法の効果を着実に上げたいのであれば、3節に書いた8つの段取りをきちんと踏んで進めていく必要があ

ります。この8つの段取りは省略することができません。言い換えると、これらを1つずつ着実に進めていくことこそが、認知行動療法の効果を最大にするための唯一のポイントだということになります。即効性は求めず、ある程度時間をかけて根気強く進めていく必要があるのです。

　したがって、もしはじめるのであれば「即効性を求めない」「時間をかけてじっくり進めていこう」「効果はあとからついてくるもの」と割り切っていただくほうが、むしろ望ましいと思います。実際の臨床場面でもあせって即効性を求めるクライアントより、腰をすえてじっくり取り組もうとするクライアントのほうが、結果的には認知行動療法がスムーズに進んでいくような印象を受けています。まさに「急がば回れ」ですね。

## ◎ ストレス体験を対象にするので、時には痛みを伴う場合もある

　認知行動療法に限らず、あらゆる心理療法は、最終的にその人のかかえる困りごとや問題が解消され、その結果少しでも心が楽になったり、生きやすくなったりすることを目指します。が、それはあくまで「最終目標」であり、そこに到達するまでには数々の「痛み」を伴う場合があります。

　たとえばアセスメントの作業では、自分を取り巻くストレス状況や、自分のなかに生じたストレス反応を、事細かに観察し、

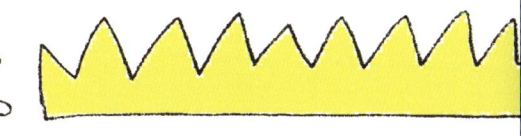

ツールに外在化していくことになります。ストレス体験を対象とするのですから、これは決して楽しいだけの作業になるはずがありませんよね。特にこれまで自分のストレス体験を「あえて見ないようにしてきた」人にとっては、アセスメントを通じて、今まで見ないようにしてきた自分の認知や気分・感情に真正面から向き合うことになり、苦痛を感じることがあるかもしれません。しかしそこで「苦しいから」とアセスメントをやめてしまったら、認知行動療法は先に進めません。

## ◎ なかなか上達が感じられないときも苦痛

　また技法を習得する段階に入ると、日常生活においてさまざまな練習を継続的に実施する必要が生じます。

　皆さんも経験があると思いますが、何かを練習して身につけようという場合、ちょっと練習したからといって、一足飛びに上達することはまずありません。練習とは、試行錯誤しながら、「これでよいのかな」と迷いながら、「練習してもなかなか上達しないなぁ」と落ち込みながら、それでもめげずに気を取り直しながら進めていくものです。そして練習をはじめてだいぶ経ってから、「そういえば前に比べたらけっこう上達したなぁ」と成長が実感できるようになるものです。

　その間、つまり練習を続けながらもなかなか上達や効果が実感できない間は苦痛を感じるかもしれませんが、そこでやめてしまったら、その後「そういえば前に比べたらけっこう上達したなぁ」と自分の成長を実感するチャンスを失ってしまいます。

## ◎ "成長痛"としてとらえる

　このように、認知行動療法の練習をはじめたことで、大なり小なりの「痛み」を伴うことがありますが、そこでの選択肢は2つです。すなわち皆さんは、「痛いからやらないことにする」か、「痛いけれども自分にとって必要なことだからやることにする」のいずれかを選択することができます。

　私がお勧めするのは、「耐えられない痛みでなければ、その痛みを感じつつ、認知行動療法を身につけて、結果的に自分の気持ちや生きるのが楽になることを目指す」という選択です。一種の「成長痛」として痛みをとらえるのです。

　しかし先にお伝えしたとおり、うつ病にかかっているなどあなたが精神的に非常に脆弱な状態なのであれば、その痛みが大きなリスクになってしまう場合があるので、無理せず状態がある程度落ち着いてからはじめるほうが安全だと思います。

　以上が認知行動療法をはじめるにあたっての注意点でした。本書では、事例を通じて認知行動療法の考え方や方法を具体的に紹介していきます。ご自分が認知行動療法を実際に行うかどうかはとりあえず保留にして、まずは事例を楽しんでお読みください。そのなかで「このやり方は自分にも使えそう」「この人の悩みは自分に似ている」と自然に思えるものがあれば、そこからはじめてもらえればよいのではないかと思います。

### 参考文献
＊1　伊藤絵美：認知療法・認知行動療法カウンセリング　初級ワークショップ、星和書店、2005年．

第 3 章

# プリセプティとの相性が悪く悩む
# 先輩看護師アヤカさん

この章に出てくる
理論・技法・ツール

**認知再構成法**

**問題解決法**

**コーピングレパートリー**

**マインドフルネス**

## 3-1 認知行動療法に望みをかけて来談したアヤカさん

### ◎ これは"うつ"なの？

　クライアントはアヤカさん。女性、20歳代後半、入職6年目のナースで、「認知行動療法を受けたい」と自発的に来談されました。まず事情をうかがってみると、アヤカさんが次のような困りごとをかかえ、多大なストレスを感じていることがわかりました。

> **アヤカさんの話の内容**
>
> **「ストレスがいっぱい」**
>
> 1. 3年ぶりに2度目のプリセプターを務めているが、今回のプリセプティ（ケイコさん）との相性が悪く、苦痛である。どうしても彼女を苦手に感じてしまう。
> 2. 最近、そのプリセプティについて同僚から苦情を言われることがあり、自分の指導力のなさを責められているように感じてしまう。

3. とてもよく仕事のできる主任がいていろいろとアドバイスをしてくれるが、自分がそれに応えられないので申し訳ない気持ちでいっぱいになってしまう。
4. 人の悪口ばかり言う同僚がいて、休憩室でその同僚と顔を合わせるのが苦痛である。休憩室に行くのが嫌になってしまった。
5. ある年間研修会のリーダーに指名されたが、1年にわたってリーダーをやりとおす自信がない。
6. 自発的に勉強して専門性を高めないといけないことはわかっているが、時間がないことを言い訳にしてちっとも勉強がはかどらない。
7. 一人暮らしをしているが、実家の母親が頻繁に電話をかけてきては愚痴をこぼすので、家にいてもくつろげないことが多い。
8. 付き合っている彼と生活時間が合わず、なかなか会えないどころか、電話で話す時間もあまりとれない。

　このような困りごとのせいで、特にここ2か月ほど気分が鬱々と重く、これまで楽しめていたことが楽しめなくなり、休日は家でボーッとして過ごすことが多くなったということです。また突発的にイライラしたり怒りが湧き上がったりすることがあり、そういう気持ちをどのように処理すればよい

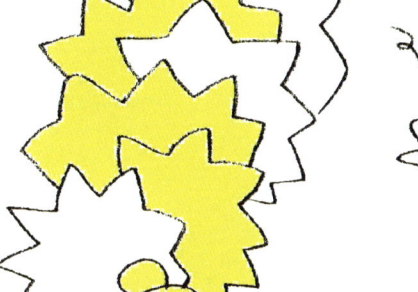

のかわからなくて困っているとも話していました。

「おそらくうつ状態なんだと思います。認めたくないけれど、自分もナースだからわかります。このまま放っておいたら、本当のうつ病になってしまうかもしれないし、仕事で取り返しのつかないミスをしてしまうかもしれない。そう思ったら本当に怖くなってしまって……。取り返しがつかなくなる前になんとかしようと思っていたところ、以前研修会で認知行動療法について習ったことがあったなぁと思い出して、それで今日ここに来たんです」とのことでした。

そこまでは気丈に振る舞っていたアヤカさんでしたが、私が「それにしても困りごとがたくさんありますね。これだけたくさんの困りごとをかかえているのは、誰にとってもしんどいことだと思いますよ」と言うと、ポロポロと涙を流し、「でも私が弱いからいけないんです。プリセプターも研修会のリーダーも職場の人間関係も、誰もが普通に経験することで、こんなことぐらいで参ってしまう自分が弱いんです」と言いました。

どうやらアヤカさんには「何かにつけて自分を責める」という傾向がありそうです。

話し合いの結果、今のアヤカさんの困りごとに焦点を当てて、認知行動療法を開始することで合意しました。

認知行動療法では、カウンセラーとクライアントが一緒になって困りごとを解消していくことを通じて、困りごとの解消の仕方そのものをクライアント自身に学んでもらうのだと説

明をしたところ、アヤカさんのモチベーションはぐんと上がったようで、「まさにそれが私に必要なんです。何かがあっても、今みたいにくよくよと悩まずに乗り越えられるようになりたいんです。ストレスにもっと強くなりたいんです」と言いました。

アヤカさんに限らず、私がこのような説明をすると、認知行動療法に対するモチベーションがぐんと上がるクライアントさんは大勢いらっしゃいます。

## ◎ 悪循環を明確にするために、アセスメントシートに記入する

次のセッションでは認知行動療法の基本モデル（図3-1）について説明したうえで、実際にアヤカさんの困りごとの1つを取り上げ、それがどのような悪循環になってしまっているの

### 図3-1 認知行動療法の基本モデル

環境：状況／出来事／対人関係

個人：気分・感情、認知（頭に浮かぶ考えやイメージ）、行動（外から見てわかる動作や振る舞い）、身体反応

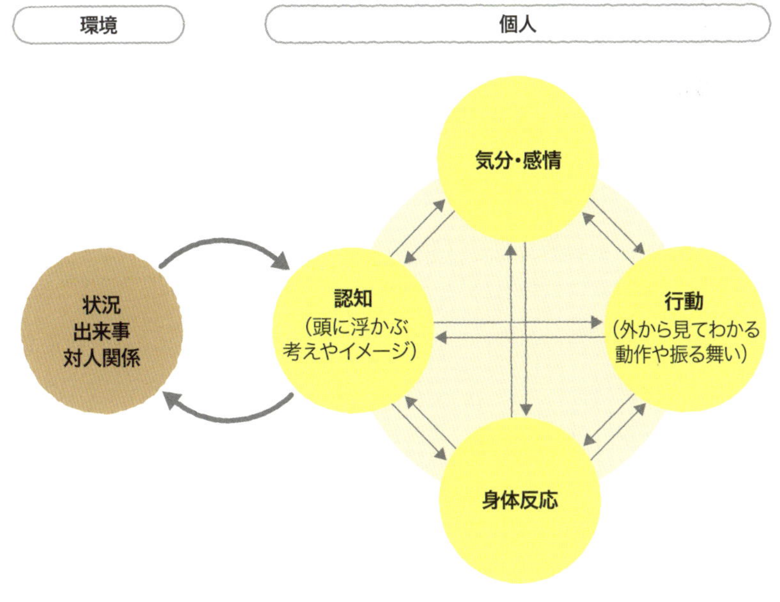

か、どのようなメカニズムでその悪循環が維持されているのかということを、図3-2のように、私が普段臨床で使っているアセスメントシートにまとめながら一緒に整理していきました。

今回アセスメントしたのは1番目に挙げた困りごとである、プリセプティのケイコさんとの人間関係やコミュニケーションについてです。アセスメントではできるだけ現在進行形の、もしくは直近のエピソードを素材にして、「何が起きているのか」を具体的に見ていくことが必要です。そこで私はアヤカさんに、ケイコさんとの間で起きた最新のトラブルのエピソードを思い出してもらい、それをまとめていきました。

## ◎〈状況〉〈認知〉〈気分・感情〉〈身体反応〉〈行動〉に整理する

図3-2の上半分が、認知行動療法の基本モデルに該当します。それを見ていただければわかるとおり、ここに悪循環が認められます。

アヤカさんの場合、プリセプティのケイコさんに食ってかかられたという状況に対して、「また反発されてしまった」「私の言い方がよくなかったんだ」「ずっとこんなことの繰り返しだ」「私はプリセプター失格だ」「私はダメ人間だ」といったグルグル思考が生じ（認知）、その結果、落ち込みやショックや自責感というネガティブで強烈な感情が生まれ（気分・感情）、同時に血の気が引いたり、胸がドキドキするといった反応が身体に出ています（身体反応）。そしてケイコさんに食ってかかられたその場では、何も言えずに黙ったまま下を向いてしまい

## 図 3-2 アヤカさんと作成したアセスメントシート

**ストレス状況**

看護記録の書き方について、ケイコさんにアドバイスをしたところ、「私はまだ新人なのに、なんでそんなに細かいことばかりいちいち言われなくちゃいけないんですか!」と強い口調で食ってかかられた。

**認知（考え・イメージ）**

「また反発されてしまった」「私の言い方がよくなかったんだ」「ずっとこんなことの繰り返しだ」「私はプリセプター失格だ」「私はダメ人間だ」…グルグル思考

**気分・感情**

落ち込み　100％
ショック　80％
自責感　　80％

**身体反応**

血の気が引く
胸がドキドキする
涙が出る
不眠

**行動**

何も言えず、黙ったまま下を向いてしまった。
その後も仕事が手につかない。
家に帰っても何もできない。

**サポート資源**

お酒

ナースという仕事自体は好き

彼氏

アイちゃん（親友）

カウンセラー

自分の部屋
→くつろげる

認知行動療法

**コーピング（対処）**

- 「これはまずい」と思ってお酒を飲んで無理やり寝た。
- ケイコさんと目を合わせないようにする。
- アドバイスがあってももう言わない。
- 認知行動療法をはじめた…でも、まだはじめたばかり。

｝一時しのぎ。根本的解決にはならない

ました（行動）。

　その後もケイコさんのグルグル思考はおさまらず（認知）、したがってそのようなグルグル思考によるネガティブな気分・感情や不快な身体反応もそのまま続き、結局仕事が手につかず、仕事は全くはかどりませんでした（行動）。

　自宅に戻ってもアヤカさんのグルグル思考はおさまらず、むしろケイコさんに言われたことを思い出してはグルグル考えるということがエスカレートし（認知）、ネガティブな気分・感情や不快な身体反応もそのまま続いています。家のなかでもアヤカさんは何もすることができず（行動）、ひたすらグルグル思考に巻き込まれていました（認知）。そんな状態なので夜になってもなかなか寝つけず（身体反応）、何時間も悶々としていたのです。

　図3-2の上部に記載されているのはこのような悪循環です。

## ◎ 今の対処法である「コーピング」を記入

　ところで図3-2の下部には、「コーピング」と「サポート資源」を記入する欄があります。これらについて説明します。

　まずコーピングとは「対処」という意味で、その人が悪循環による苦痛にどう対処しているかとか、悪循環から抜けるためにどのような行動をとっているか、といったことを記入します。私たちは誰でも、悪循環にやられっぱなしになるばかりではなく、悪循環に苦しみながらも何らかの対処を試みているはずです。それをコーピングの欄に記入するのです。

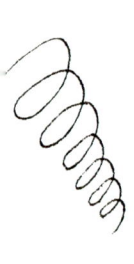

アヤカさんはその晩、グルグル思考でなかなか寝つけない自分の状態に対して、「これはまずい」と思って飲酒して無理やり入眠したそうです。これはグルグル思考と不眠に対するコーピングです。そして翌日は職場に行ってもケイコさんとあまり目を合わさないようにしたそうです。これはケイコさんと目が合って自分がさらにつらい気持ちになることを防ぐための対処であるとのことでした。さらにアヤカさんは、ケイコさんにアドバイスしたいことがあってもよほど大きなことでない限り、「また反発されるかもしれないから、言わないでおこう」と考え、実際言わないことにしているそうです。これもアヤカさんなりの対処法といえましょう。

ただしこれらは一時しのぎのコーピングなので、根本的な解決にはつながっていないと、アセスメントシートをまとめていてアヤカさん自身が気づいたようでした。

一時しのぎのコーピングが悪いというわけではありません。たとえ一時的であれ「しのぐ」というのは重要なコーピングです。ただし一時しのぎのコーピングだけだと、ずっと一時しのぎをし続けなければならないので、長い目で見ると効率的ではありません。アヤカさんの場合も、一時しのぎだけではしのぎきれなくなったから認知行動療法を受けに来られたわけです。そこで認知行動療法をはじめたことも、コーピングの欄に書き入れました。ただしまだはじめたばかりなので効果は不明です。

## ◎ 今の支えである「サポート資源」を記入

「サポート資源」とは、何でもよいので、その人の支えになっている事象を記入する欄です。人でも物でも抽象的なことでもかまいません。どんなモノやコトが支えになっているのか、ポジティブな情報を把握することで、その人の有り様の全体像をさらに理解できるようになります。

アヤカさんの場合、一時しのぎではあれ、「お酒」にかなり助けられているとのことでした。量的にはさほどではありませんので特に問題にはしませんでした。また「ナースという仕事自体は好き」という気持ちが大きな支えになっているとも言っていました。「彼氏」と「アイちゃん」（親友）の存在も大きいようです。またカウンセラー（私のことです）や認知行動療法もサポート資源になりつつあるということでした。さらに少なくとも一人暮らしの自分の部屋ではなんとかくつろぐことができるということで、それもサポート資源に加えました。

## ◎ 記入するだけでも気づくことがある

出来上がったアセスメントシート（図3-2）を一緒に眺め、アヤカさんに感想を問うと、「自分が体験したことをこんなふうに細かく整理したのは初めて。自分のなかにいろいろなことが起きているんだということがわかりました」「自分の場合、特にグルグル思考がひどいということに改めて気づきました。

それは前から薄々わかっていましたが、ここまでひどいとは思っていませんでした。ケイコさんのせいで自分が苦しんでいると思っていたのですが、自分のグルグル思考がさらに自分を苦しめていることがよくわかりました」「コーピングが一時しのぎだということも、こうやって書き出してみて改めてわかりました。一時しのぎだからこういう悪循環がいつまでたってもなくならないんですよね」と、たくさん感想を話してくれました。

　アセスメントシートをたった1枚作成しただけなのに、いろいろな気づきがあったようです。

　私はアヤカさんに図3-2のアセスメントシートのコピーと何枚かの未記入のアセスメントシートを渡し、「日常生活でストレスを感じたとき、どういうことが自分のなかで起きているか、このモデルに沿って詳しく自己観察してきてください。特にケイコさんとのコミュニケーションでは、今日まとめたこのシートと似たようなパターンが起きているのか、それとも何かまた別のパターンがあるのか、確かめてきていただけますか？　また、可能であればストレスを感じたときのご自分の反応をこのシートに書き出して、整理してみてください」と依頼しました。

## 3-2 自己観察と外在化でかなりスッキリ

### ◎ アセスメントシートに書き出してくる宿題

1週間後が次のセッションでした。「ケイコさんとのコミュニケーションについて、観察してみてどうでしたか?」と私がたずねると、アヤカさんは「笑っちゃうぐらい、このシート(図3-2)と同じでした。彼女のひと言ひと言に私が過敏に反応して、そのたびにグルグル思考にはまってしまうのです。しかもそのグルグル思考が一日中続き、家に帰ってもずっとグルグル考え続けてばかり。そのせいでうっとうしかったり眠れなかったりすると、お酒を飲んで紛らわせようとするみたいです。4月にプリセプターになってから、ずっとこんなことを繰り返しているんだなぁと思いました」と言いました。

アヤカさんはさらに別のいくつかのストレス体験を3枚のアセスメントシートにまとめてきてくれていました。その1つが図3-3です。ちなみにこの図3-3は、困りごとリスト(p104〜105)の「4. 人の悪口ばかり言う同僚がいて、休憩室でその同僚と顔を合わせるのが苦痛である」に関連するエピ

第3章 プリセプティとの相性が悪く悩む先輩看護師アヤカさん

## 図 3-3 アヤカさんと作成したアセスメントシート

**ストレス状況**

休憩室で 1 人でお菓子を食べて休んでいたら、イシダさんが入ってきて、私の目の前に座り、勝手にしゃべりだした。今日は主任と研修医の悪口だった。

**認知（考え・イメージ）**

「聞きたくない」「なんでこの人はこんな話ばかりするの」「どうせ私も悪口言われている」「私も一緒に悪口言っていると思われたらどうしよう」「逃げ出したい」…グルグル思考

**気分・感情**

不快 100%
イライラ 80%
不安 40%

**身体反応**

お腹が痛くなる感じ
↓↓↓
休憩のあとはぐったり。

**行動**

何も言えない。適当にあいづちをうってその場をしのぐ。目を合わさない。
↓↓↓
家に帰っても何もできない。

**サポート資源**

- お酒
- ナースという仕事自体は好き
- 彼氏
- アイちゃん（親友）
- カウンセラー
- 自分の部屋 →くつろげる
- 認知行動療法

**コーピング（対処）**

- 「これはまずい」と思ってお酒を飲んで無理やり寝た。
- イシダさんと目を合わせないようにする。
- イシダさんをできるだけ避ける。

⎫
⎬ 一時しのぎ。根本的解決にはならない
⎭

- 次の日、アセスメントシートに書いてみた →少しスッキリ。

ソードです。

　その同僚はイシダさんというのですが、アヤカさんが休憩室でお菓子を食べてくつろいでいたら、イシダさんが入ってきて断りもなしにアヤカさんの正面に座り、いつものごとく人の悪口を話し出したのだそうです。図3-3を見ると、そのときのアヤカさんの反応を彼女自身が具体的に把握し、整理できたことがわかります。ちなみに図3-3のアセスメントシートは、そのことがあった翌日に書いたものだそうです。

### ◎ 自分と距離がとれ、気持ちがスッキリする

　「こうやって自分で自己観察したりアセスメントシートにまとめてみて、いかがでしたか？」と私がたずねると、アヤカさんは「このモデルを使って自分を観察することで、少し自分と距離がとれる気がしました。あと、実際にこうやってシートに書き出すことで、ちょっと気持ちがスッキリしたのに気づいて少し驚きました」と答えてくれました。

　実は多くのクライアントさんが、アセスメントに対してこのような感想を抱くようです。

　ここでのポイントは「自己観察」と「外在化」です。この2つについて説明しましょう。

### ◎ 自分を観察する「自己観察」

　アセスメントするためには、ストレスを感じた際に、認知行

動療法の基本モデルを使って、「今、自分はどのような状況に対してストレスを感じているのだろう？」「今、自分の頭にはどういう考えやイメージが浮かんでいるのだろう？」「今、私のなかにはどういう気分や感情が生じているのだろう？」「今、私の身体はどのような反応を起こしているのだろう？」「今、私はどのような行動をとっているのだろう？」といったことを自分に問い、自分を観察することが不可欠です。これを認知行動療法では「自己観察」と呼び、重視しています（「セルフモニタリング」と呼ばれることもあります）。

自己観察するには「ストレスを感じている自分」を見る「もう1人の自分」を置く必要があります。その「もう1人の自分」が「ストレスを感じている自分」を観察するのです。

図3-4はこのような自己観察のメカニズムを示したものです。自己観察をするだけで、「生々しくストレスを感じている自分」と距離を置くことができるので、それだけでストレスの

**図 3-4 自己観察とは**

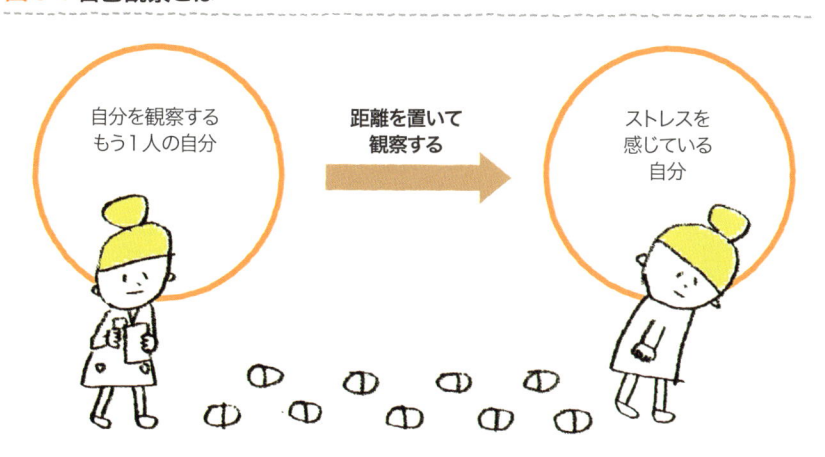

度合いが多少なりとも軽減されます。

## ◎ 自己観察の結果を書き出す「外在化」

「外在化」とは、自己観察の結果わかったことをアセスメントシートなどの用紙に書き出すことを言います。自分のなかで体験されたことを書くという作業によって「外」に出すので、「外在化」と呼ぶのです。

図 3-5 は外在化のメカニズムを表したものです。自己観察だけでも自分に距離を置くことができるので少し楽になれま

**図 3-5 アセスメントによる外在化のメカニズム**

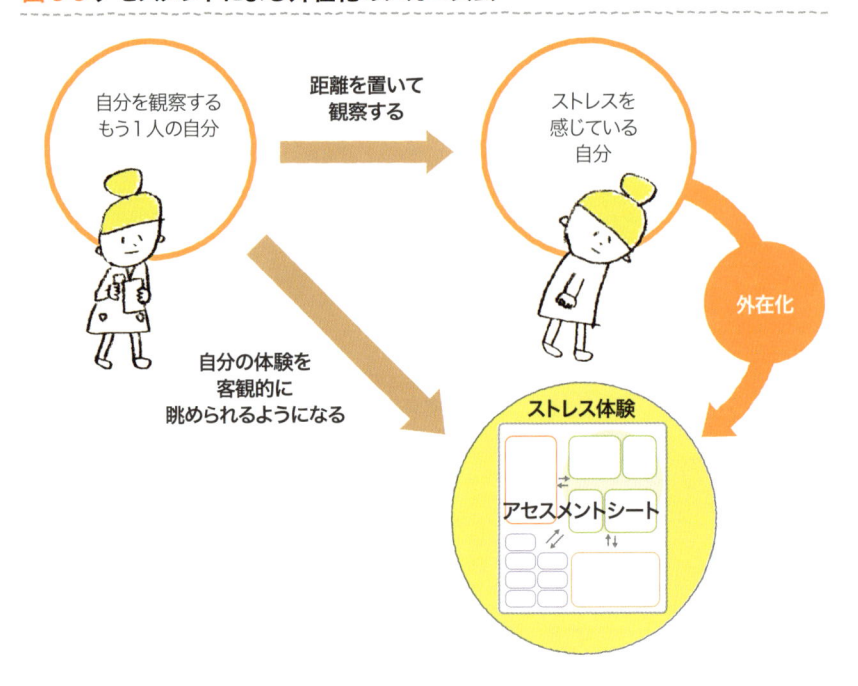

すが、書き出して外在化することによってさらに自分の体験を客観的に眺められるようになり、アヤカさんも言っているように、そのぶんさらに気持ちがスッキリしたり落ち着いたりします（完全にスッキリするということではありません、たとえば80％の苦痛が50％に軽減されるというような感じです）。

　それは、「ああ、なるほど。自分は今、こういう状況に対してこういう考えが生じ、こういうふうに感じているからつらいんだな」と整理された形で自分のかかえる問題（悪循環の有り様）を理解できるからです。

　「自己観察」と「外在化」によって悪循環のメカニズムを理解するというアセスメントの手続きがおわかりいただけましたでしょうか？　ぜひ皆さんも今後、ストレスを感じたら、「そうだ、今が自己観察のチャンスだ！」と思って、認知行動療法の基本モデルに沿って自分を観察してみてください。そして図3-2に示したアセスメントシートを使って外在化してみてください。

　最初はやりづらいかもしれませんが、何枚も書いていくうちに慣れてきます。そしてアヤカさんのように、アセスメントをするだけで気持ちが多少楽になることが実感できるようになるでしょう★。

---

★　最近、認知行動療法の世界では、「マインドフルネス」という概念が非常に注目されています。マインドフルネスとは、「自分の体験を、評価や判断をせずに、そのまま眺め、受け入れること」と定義することができます。マインドフルネスが注目されるのは、この概念がさまざまな望ましい効果をもたらすことが実証研究によってわかってきたからです。もうお気づきだと思いますが、ここで紹介した「自己観察」や「外在化」のメカニズムとマインドフルネスは非常に似ており、両者はほとんど変わりがありません。ということは、「自己観察」や「外在化」をしっかりと実践していただければ、マインドフルネスによる効果も同時に得られるということになります。まさに一石二鳥です。
マインドフルネスに興味のある方は章末の参考文献＊1を参照ください。

## 3-3 目標リスト作成まで こぎつけた

◎ **自分の反応パターンの特徴をリスト化し、認知と行動の問題に分ける**

　アヤカさんの事例に戻りましょう。アヤカさんと私は合計で20枚ものアセスメントシートを作成しました（誰もが20枚も作らないといけないわけではありません。アヤカさんの場合は困りごとが多かったことと、アヤカさん自身がアセスメントシートに記入する作業を気に入ったので、結果的にそれだけの枚数になったということです）。

　私たちはそれらのアセスメントシートを一緒に眺め、アヤカさんの反応パターンの特徴を次のようにリスト化しました。

- □ さまざまなストレス状況に対してネガティブなグルグル思考が生じ、その結果心身の状態がひどく悪化してしまう。
- □ グルグル思考が生じると、それに自分のすべてが持っていかれてしまい、思考を全くコントロールできなくなってしまう。
- □ グルグル思考のなかでも、特に自分を責めたり否定したりする思考が生じやすく、その結果ひどく落ち込んでしまう。
- □ 相手に嫌なことを言われたりされたりしても、すぐに自分を責めたり否定したりするので何も言えなくなってしまう。反

論したり自己主張できない。
- □ グルグル思考のせいで、仕事がはかどらなかったり、家に帰ってもボーッとして何もできなくなったり、寝つけなくなる。
- □ お酒を飲むことしか、グルグル思考を止める手段がない。

　上のリストのうち、「グルグル思考」「自分を責めたり否定したりする思考」は〈認知〉の問題、「反論したり自己主張したりできない」「仕事がはかどらなかったり、家で何もできなかったりする」「お酒を飲むしかない」というのは〈行動〉の問題です。
　認知と行動の問題であれば、改善の余地があります（だから「認知行動療法」という名称がついているのでしたよね）。私たちはさらに話し合って、これらの問題がどのように改善されればよいかを検討し、次のような目標リストを作りました。

## ◎ 目標リストを作る

❶ グルグル思考（特に自分を責めたり否定したりする思考）が生じたら、そのことに早めに気づいて、思考を方向転換できるようになる。
❷ たとえ自分を責めたり否定したりするような思考が生じたとしても、必要なときには自分の意見や考えを相手に伝えられるようになる。

❸グルグル思考に対して、飲酒以外の行動的コーピングを増やす。

　認知行動療法にはさまざまな技法があります。具体的な目標が立てられれば、それを達成するための技法を選ぶことができます。
　上の目標①には「認知再構成法」という技法、目標②には「問題解決法」（あるいは「アサーション・トレーニング」、もしくは「SST（ソーシャルスキル・トレーニング）」）、目標③には「コーピングレパートリーを増やす」という技法が最も適していると思われました。

　これらの技法について説明すると、アヤカさんはその3つの技法（「認知再構成法」「問題解決法」「コーピングレパートリーを増やす」）のすべてに挑戦してみたいと言います。そこで順々に取り組んでいくことになりました。

第3章
プリセプティとの相性が悪く悩む先輩看護師アヤカさん

## 3-4 認知再構成法で「認知」に焦点を当てる

### ◎ 自分をつらくさせない思考に置き換える

　認知再構成法とは、非機能的な思考を同定し、より機能的な思考を自ら考え出すための技法です。
　と書くと難しそうですが、要するに「自分をつらくさせる思考を、自分をつらくさせない新たな思考に置き換えてみましょう」という技法です。

　たとえばアヤカさんの場合、「私の言い方がよくなかったんだ」とか「私はプリセプター失格だ」といった思考が、アヤカさん自身を苦しめています（図3-2を参照）。
　認知再構成法を通じて、そういった自分を苦しめる考えを取り出してさまざまな角度から検討し、新たな考えを作ってみて、それを自分に取り入れていく練習をするのです。認知再構成法はアヤカさんのような「ネガティブなグルグル思考」の持ち主には非常に効果的な技法です。

## ◎ 認知再構成法の手順

認知再構成法の手順は以下のとおりです。

**手順 1**

ストレスを感じる場面を切り取って、その場面における自動思考（瞬間的に頭をよぎる思考やイメージ）と、そのときの気分を見定め、同定する。それぞれの自動思考の確信度と気分の強度を 0～100％で評定する。

**手順 2**

検討の対象となる自動思考を 1 つ選択する（通常、確信度が高く、ネガティブな気分と結びつきの高い自動思考を選ぶ）。

> 手順 3

手順 2 で選んだ自動思考をさまざまな角度から検討する。

> 手順 4

手順 3 で検討した結果を「新たな思考」としてまとめ上げる（1 つでも複数でも可）。「新たな思考」の確信度を「％」で評定する。

> 手順 5

もとの自動思考に対する確信度、およびもとの気分の強度を再評定する。新たな気分が生じた場合はそれを同定し、その強度も評価する。

## 私が開発した 3 枚のツール

　これだけの手順を頭のなかだけでこなすのは無理があるので、認知再構成法は通常、何らかのツールを使って実施することが多いです。

　図 3-6 はその際に最もよく用いられる「非機能的思考記録表」というものですが、ここでは、私が開発した認知再構成法のための 3 枚のツールを具体的に紹介していきます（「非機能的思考記録表」については、本章末に紹介した文献、大野[*2]とベック[*3]を参照してください）。

　私もこの「非機能的思考記録表」を長年使っていたのですが、表に細かく書き込んでいく作業がいまひとつ性に合わず、表ではなく図的なツールを使って認知再構成法をやってみたいと考え、3 枚の図的ツールを開発しました。それが図 3-7、3-8、

### 図 3-6 非機能的思考記録表の例

| ストレス場面 | 自動思考(%) | 気分(%) | 新たな思考(%) | 結果(自動思考の確信度と強度)(%) |
|---|---|---|---|---|
| ……… | ……… | ……… | ……… | ……… |
| ……… | ……… | ……… | ……… | ……… |
| ……… | ……… | ……… | ……… | ……… |
| ……… | ……… | ……… | ……… | ……… |
| ……… | ……… | ……… | ……… | ……… |

3-9 です（ツールはあくまで手段にすぎません。皆さんのなかでも図3-6に示したような記録表に書き込むのが好きな方もいれば、図的なツールを好む方もいるでしょう。どちらでも好きなほうをお使いください）。

　図3-7は特定のストレス場面を切り取って、アセスメントによって、そのときの自動思考と気分を同定し、書き出すためのツールです。 手順1 に該当します。
　図3-8は自動思考を1つ選んで、その自動思考をさまざまな角度から考え、アイディアを出すためのツールです。 手順2 手順3 に該当します。
　図3-9は図3-7で出されたアイディアを「新たな思考」にまとめあげ、一連の手順を振り返るためのツールです。 手順4 手順5 に該当します。

## ◎ アヤカさんが作成した「アセスメントシート」

　それではアヤカさんの事例を通じて、これらのツールの使い方を紹介していきましょう。

　まずアヤカさんが作成した1枚目のツール「アセスメントシート」を見てください（図3-7）。

　これは、プリセプティのケイコさんと一緒に昼食をとっているとき、仕事のできる主任のことが話題になり、ケイコさんが「主任みたいな人がプリセプターだったらよかったな」と言い、さらに取ってつけたように「いや、べつにアヤカ先輩が嫌だとか、そういうことではないですから」と笑いながら言った、というのが具体的なストレス場面です。

　ちなみにこの時点で、私はケイコさんについてかなりの話をアヤカさんから聞いていました。どうやらケイコさんは自分の思ったことを、「これを言ったら相手はどう思うだろう」ということを考慮せずにそのまま口にするタイプの人のようです。悪気はないみたいですが、職場でのコミュニケーションのあり方としてはかなり不適切だと思われました。

　実際、職場ではケイコさんのこのような無神経な言動を不快に思う人がいて、アヤカさんはその人たちから「もっとケイコさんにビシッと言ったほうがいい」と言われることがあり、人にビシッと言うことが苦手なアヤカさんはそのことも苦痛に感じていたのでした。

　図3-7には他にも、そのようなストレス場面の最中やあとに

生じたアヤカさんの自動思考（認知）と気分・感情、およびそれらの確信度と強度が記載されています。

　ストレス場面では、通常複数の自動思考がほぼ同時に生じ、それに伴って複数のネガティブな気分や感情が生じるものです。強いストレスを感じたときに、自分のなかにどのような自動思考や気分が生じているか、その人自身が把握できるようになることが非常に重要です。把握できなければ工夫の仕様がないからです。

　図3-7を見ると、ケイコさんの一言によって、アヤカさんの頭のなかに、「彼女はやっぱり私がプリセプターなのが不満なんだ」「こんなふうに言われるなんて、やっぱり私はプリセプター失格だ」といった自動思考がグルグルしはじめ、それによってショック、落ち込み、自責感といったネガティブな気分が惹起されたのがよくわかるかと思います。アセスメントのときから自己観察をずっと行っているので、アヤカさんは楽に自分の反応を把握できるようになっています。図3-7の左下部分にはさらに、行動や身体反応を書き入れる欄もあります。

　このように認知再構成法の1枚目のツールには、ストレス場面を切り取って、そのときに生じた自動思考と気分・感情、および行動や身体反応を同定し、記載します。これはアセスメントシートをさらに具体的にしたものであるともいえます。とにかくストレスを感じた「今、そのとき」の自分の反応をシャープに自己観察し、ツールに外在化するのです。

### 図 3-7 アヤカさんが作成した「認知再構成法・アセスメントシート」

**【認知再構成法】アセスメントシートの目的：**
特定の場面における自分の体験を具体的に理解する

---

**1. 具体的場面**：最近、ひどくストレスを感じた出来事や状況を 1 つ選び、具体的に記述する

> いつ？ どこで？ 誰と？ どんな状況で？ どんな出来事が？（その他何でも…）
>
> 昨日、ケイコさん（※例のプリセプティ）とお昼を一緒に食べたとき、主任がいかにできる人かという話になった。
> そのときケイコさんが「主任みたいな人がプリセプターだったらよかったな」と言った。

**2. 自分の具体的反応**：1 の具体的場面における自分の体験を、認知行動モデルにもとづいて理解する

> 気分・感情とその強度（%）
>
> ☐ ショック　　　　　　　　　　　　　　　（ 100 ％）
> ☐ 落ち込み　　　　　　　　　　　　　　　（ 100 ％）
> ☐ 自責感　　　　　　　　　　　　　　　　（ 90 ％）
> ☐ 絶望感　　　　　　　　　　　　　　　　（ 60 ％）
>
> ※気分・感情とは、「不安」「悲しい」「怒り」「緊張」など、端的に表現できるのが、その特徴です。

> 行動・身体反応
>
> 血の気が引いた。ドキドキした。その場では必死でとりつくろった。家に帰って泣いた。家でもグルグル思考が止まらないので、お酒を飲んで寝てしまった。

●●年 ●月 ●日（　　曜日）

氏名：　○○ アヤカ 様

次にケイコさんは取ってつけたように、「いや、べつにアヤカ先輩が嫌だとか、そういうことではないですから」と笑いながら言った。

認知（考え・イメージ）とその確信度（％）：
そのとき、どんなことが頭に浮かんだろうか？

□「彼女はやっぱり私がプリセプターなのが
　　不満なんだ」　　　　　　　　　　　（　100　％）
□「こんなふうに言われるなんて、
　　やっぱり私はプリセプター失格だ」　　（　90　％）
□「どんなに頑張っても私は主任のようには
　　指導できない」　　　　　　　　　　（　80　％）
□「もう何もかも放り出して、
　　逃げ出してしまいたい」　　　　　　（　80　％）

※ある特定の場面において瞬間的に頭に浮かぶ考えやイメージを、【自動思考】と言います。認知療法・認知行動療法では、否定的感情と相互作用する自動思考を把握し、自動思考への対応の仕方を習得します。
はじめは自動思考を把握するのが難しいかもしれませんが、過度に否定的な感情が生じたときに、**「今、どんなことが頭に浮かんだのだろうか？」「たった今、自分の頭をどんなことがよぎっただろうか？」**と自問することで、自動思考を容易に把握できるようになります。

©洗足ストレスコーピング・サポートオフィス

## ◎ アヤカさんが作成した「自動思考の検討」

　次に、自動思考を1つ選び、それをさまざまな角度から検討するために図3-8のシートへ進みます。

　アヤカさんは1枚目のツールに記載した4つの自動思考のうち、「こんなふうに言われるなんて、やっぱり私はプリセプター失格だ」を選びました（通常、自分を最もつらくさせている自動思考を選びます）。

　そしてこの自動思考について、図3-8の下段にある12の質問を通じて検討しました。これらの12の質問は正答を出すためのものではありません。頭を柔軟にして、さまざまなアイディアを出すための質問です。

　図3-8を見ると、アヤカさんがツールの質問に答えながら、さまざまなアイディアを出せているのがわかるかと思います。アヤカさんと作業をしていて印象的だったのは、「自動思考に反する事実や根拠は？」という質問に対して、「3年前にプリセプターをやったときはなんとかできていた」という事実を思い出したことです。アヤカさん自身、「私、ケイコさんのことで頭がいっぱいになっていて、3年前に自分がプリセプターをやっていたこと自体、すっかり忘れてしまっていました」と言って驚いていました。

　聞くと、当時のプリセプティは、病棟は違いますが、今でも同じ病院でバリバリと働いているとのことです。これは「私はプリセプター失格だ」という自動思考に対する大きな反証にな

りました。

　また「自動思考を信じるメリットは？」という質問について考えたところ、「どう考えてもメリットは何もない」という結論に至ったのも印象的でした。「ということは、"プリセプター失格だ"とグルグル考えること自体に意味がないということですよね」とアヤカさんは納得していました。

　もう1つ印象的だったのは、「他の人なら、この状況に対してどんなことをするだろうか？」という質問について検討したときのことでした。

　私は、実際に他の同僚だったらどうするか、ということをアヤカさんに考えてもらいました。するとアヤカさんはハッとしたように「そういえば、モモちゃん（同僚）やヤスコ先輩は、何かあるとすぐに主任に相談しているな。それに比べると私はケイコさんを避けるだけじゃなく、誰かに相談することも避けていたのかもしれない。主任だったら相談に乗ってくれるはずなのに、なぜ今まで相談しなかったんだろう」と言って、次の「この状況に対して、どんなことができそうか？」という欄に、「主任に相談して、具体的な対処法についてアドバイスをもらう」というアイディアを書き入れました。

　このようにツールに書かれてある数々の質問を通じて自動思考を検討するだけで、さまざまなアイディアが湧いてくるものです。これらのアイディアをアヤカさん自身が「新たな思考」として3枚目のツールにまとめあげたのが図3-9です。

### 図 3-8 アヤカさんが作成した「認知再構成法：自動思考検討シート」

**【認知再構成法】自動思考検討シートの目的：**
否定的感情と関連する自動思考について検討する

**1. 具体的場面**：最近、ひどくストレスを感じた出来事や状況を1つ選び、具体的に記述する

いつ？ どこで？ 誰と？ どんな状況で？ どんな出来事が？（その他何でも・・・）
昨日、お昼を一緒に食べているとき、ケイコさんが「主任みたいな人がプリセプターだったらよかったな」と言った。

**4. 自動思考の検討**：さまざまな角度から、自動思考について考えてみます

自動思考がその通りであるとの事実や根拠（理由）は？
・実際に「主任だったらよかった」と言われている
・実際にケイコさんの指導がうまくいっていない

自動思考に反する事実や根拠（理由）は？
・3年前にプリセプターをやったときはなんとかできていた
・主任が励ましてくれる。本当に失格なら励まさないだろう

自動思考を信じることのメリットは？
・メリットは何もない

自動思考を信じることのデメリットは？
・自分がつらくなる ・グルグル思考がはじまってしまう
・「失格だ」と決め付けることで成長できなくなる

最悪どんなことになる可能性があるか？
・グルグル考えることで、本当にうつ病になって離職する
・私のせいでケイコさんが離職する

奇跡が起きたら、どんなすばらしいことになるか？
・ケイコさんとの関係が突然うまくいくようになる
・急にプリセプターとしての指導力がアップする

※ 否定的感情と関連する自動思考を把握したら、その自動思考について、まずは上の問に対して具体的に回答してみます。このように自動思考を、さまざまな角度から検討することが認知療法・認

第3章

●●年 ●月 ●日（　　曜日）

氏名：　○○ アヤカ 様

**2. 気分・感情とその強度 (%)**

ショック 100%　　落ち込み 100%
自責感 90%　　　絶望感 60%

**3. 自動思考（考え・イメージ）と
　その確信度 (%)**

「こんなふうに言われるなんて、やっぱり私はプリセプター失格だ」(90%)

現実には、どんなことになりそうか？
・悩みながら、この1年をなんとか乗り切る
・認知行動療法でスキルを身につけ、今より対処できるようになる

以前、似たような体験をしたとき、どんな対処をした？
・彼氏に愚痴る　・アイちゃんに愚痴る　・お酒を飲んで寝る
・ケイコさんを避けがちになる

他の人なら、この状況に対してどんなことをするだろうか？
・ケイコさんに逆ギレする　・気にしないようにする
・主任に相談する　・ケイコさんを優しくたしなめる

この状況に対して、どんなことができそうか？
・主任に相談して、具体的な対処法についてアドバイスをもらう
・アドバイスどおりにやってみて、ダメだったらまた相談する

もし＿＿＿＿（友人）だったら何と言ってあげたい？
「確かに100%うまくいっていないかもしれないけれど、だからといって"プリセプター失格"と決め付けなくてもいいのでは」

自分自身に対して、どんなことを言ってあげたい？
「1人で悩まないようにしよう。主任に相談して、ケイコさんへの接し方についてアドバイスをもらおう」

©洗足ストレスコーピング・サポートオフィス

知行動療法では重要なのです。自分のつらい気持ちに気づいたら、このシートに記入して、自動思考を検討してみましょう。

**図 3-9 アヤカさんが作成した**
**「認知再構成法：思考の幅を広げるためのワークシート」**

【認知再構成法】思考の幅を広げるためのワークシートの目的：
より適応的な思考を探索し、考案してみる

**1. 具体的場面**

昨日ケイコさんが、「主任みたいな人がプリセプターだったらよかったな」と言った。

**2. 気分・感情とその強度 (%)**

ショック 100%
落ち込み 100%
自責感 90%
絶望感 60%

**3. 自動思考（考え・イメージ）とその確信度 (%)**

「こんなふうに言われるなんて、やっぱり私はプリセプター失格だ」(90%)

▶▶▶

**4. 自動思考を検討するための質問集**

☐ 自動思考がそのとおりであるとの事実や根拠（理由）は？
☐ 自動思考に反する事実や根拠（理由）は？
☐ 自動思考を信じることのメリットは？
☐ 自動思考を信じることのデメリットは？
☐ 最悪どんなことになる可能性があるか？
☐ 奇跡が起きたら、どんなすばらしいことになるか？
☐ 現実には、どんなことになりそうか？
☐ 以前、似たような体験をしたとき、どんな対処をした？
☐ 他の人なら、この状況に対してどんなことをするだろうか？
☐ この状況に対して、どんなことができそうか？
☐ もし＿＿＿＿＿＿（友人）だったら、何と言ってあげたい？
☐ 自分自身に対して、どんなことを言ってあげたい？

●●年 ●月 ●日（　　曜日）

氏名：　○○ アヤカ 様

### 5. 新たな思考を考え出してみよう・確信度（%）

「3年前にプリセプターをやったときは、なんとかできていたのだから、"失格"とまで思う必要はない」
（　80　％）

「"失格だ"と決め付けて、グルグル考えることには何のメリットもない。それどころかかえってプリセプターとして成長できなくなってしまうよ」
（　80　％）

「1人で悩まず、主任に相談してみよう。ケイコさんに言われたことなども具体的に伝えて、どう対処したらいいか、具体的なアドバイスをもらおう」
（　90　％）

「アドバイスを実行してうまくいけばいいし、うまくいかなかったら、あきらめずにまた主任に相談してみよう」
（　90　％）

「確かに100%うまくいっていないかもしれないけれど、だからといって"プリセプター失格"と決め付けなくてもいいのでは」
（　70　％）

「とにかく1年経てば終わるのだから、このまま悩みながらでも、なんとか乗り切ることはできると思うよ」
（　50　％）

### 6. もとの自動思考に対する現在の確信度 ➡（　40 %）

| 現在の気分とその強度 |  |
|---|---|
| ➡ ショック、落ち込み、自責感 | （　30　％） |
| ➡ 絶望感 | （　15　％） |
| ➡ 落ち着き | （　60　％） |

©洗足ストレスコーピング・サポートオフィス

## ◎ アヤカさんが作成した「思考の幅を広げるためのワークシート」

　図3-9「思考の幅を広げるためのワークシート」の右側の「5. 新たな思考を考え出してみよう」という欄をご覧ください。アヤカさんが図3-8のアイディアを上手に使って、6つの新たな思考を考え出すことができていることがわかるかと思います。

　そして右下の欄をご覧いただくと、もとの自動思考の確信度が100％から40％に、もとのさまざまなネガティブな気分が30％以下に軽減されていることがわかります。さらに新たな思考を考え出し、外在化することで「落ち着き」という新たな気分が生じたこともわかります。

　これで認知再構成法の一連の手続きが終了しました。アヤカさんは、「今まで、自分の考えをここまで徹底的に検討してみたことはありませんでした。ちょっと大変だったけど、自分自身で新しい考えを生み出せたことがうれしかったです。主任に相談するという対処法は、ぜひやってみたいです」という感想を話してくれました。

　その後アヤカさんと私は、認知再構成法という技法を確実に身につけるため、別のさまざまなストレス場面をネタにして、何度も練習を繰り返しました。3枚のツールを使って繰り返し認知再構成法を行うことで、アヤカさんのグルグル思考は次第に軽減されていきました。

アヤカさんは特に、「自動思考を信じることのメリットは？」と「他の人なら、この状況に対してどんなことをするだろうか？」という２つの質問を気に入って、グルグル思考がはじまりかけると、「あ、今グルグル思考がはじまったぞ」と自分で気づき、この２つの質問を自分に問うことで、「ここでグルグル思考を続けても、自分には何のメリットもない」と考え、「モモちゃんならどうするかな？」「ヤスコ先輩ならどう思うかな？」「主任だったら何と言ってくれるかな？」と他者の対処法を想像し、それを新たな思考に取り入れるということが自然にできるようになりました。

そうなるともう特にツールを使わなくても頭のなかでさらりと認知再構成法ができるので、時間も短縮されます。

### ◎ 自分で考え出した新しい考えだから、受け入れられる

認知再構成法を導入したケースでは、ほとんどのクライアントさんがアヤカさんと同じような過程を経てこの技法を習得します。慣れないと、初めはストレス場面や自動思考、気分を自己観察して外在化するだけでもけっこう大変ですし、ツールを使って自問自答するにはかなりの時間とエネルギーを要します。しかし手間ひまかけて自分自身の思考を検討し、苦労して考え出した新しい思考だからこそ、役に立つのだと思います。

たとえば「こんなふうに言われるなんて、やっぱり私はプリセプター失格だ」と悩んでいるアヤカさんに、他の誰かが「３年前にはできていたんだから、"失格"なんて思う必要はない

んじゃない？」と言ったとしても、おそらくアヤカさんは「それはそうなんだけど、でも……」といった煮え切らない反応を示したでしょう。

同じ「新たな考え」でも「自分で考え出した新たな考え」だからこそ、アヤカさんはそれを80％の確信度で受け入れることができたのです。

### ◎ グルグル思考の持ち主にピッタリ

以上が認知再構成法の紹介でした。

アヤカさんのようなグルグル思考の持ち主は意外と多いものです。皆さんのなかでもグルグル思考やマイナス思考で苦しむ傾向のある人がいるかと思います。認知再構成法は慣れるまで少々時間のかかる技法ではありますが、練習を重ねれば誰でも楽に、しかも楽しくできるようになります。ぜひ本節で紹介したツールを使ってチャレンジしてみてください。アヤカさんのように「お気に入りの質問」が見つかるまで頑張りましょう。

第3章
プリセプティとの相性が悪く悩む先輩看護師アヤカさん

## 3-5 問題解決法で「行動」に焦点を当てる

◎ **行動に焦点を当てた技法が「問題解決法」です**

認知再構成法を習得したアヤカさんは、次に「たとえ自分を責めたり否定したりするような思考が生じたとしても、必要なときには自分の意見や考えを相手に伝えられるようになる」という目標に向けて、2つ目の課題であった問題解決法の練習に進むことになりました。

「どう考えればいいのか」という〈認知〉の問題に焦点を当てた技法が認知再構成法だとすれば、「どう動けばいいのか」「どう言えばいいのか」といった〈行動〉の問題に焦点を当てた技法が問題解決法です。

問題解決法の手順は以下のとおりです。

## ◎ 問題解決法の手順

**手順1**

今自分が直面している問題をできるだけ具体的に表現する。それを問題解決ワークシート（図3-10）の1の欄に記入する。

**手順2**

問題解決に向けて、自分の考えをととのえる。具体的には、問題解決ワークシートの2の欄に書かれてある文言を読み、それを取り入れる。そして、「どんなことを自分に言ってあげるとよいか」ということを考え、それを2の下の空欄に書き込む。

**手順3**

問題状況が解決または改善された状況を具体的にイメージし、それを問題解決ワークシートの3の欄に書き入れる。

**手順4**

問題の解決・改善のための手段を具体的に考え出し、問題解決ワークシートの4の欄にできるだけ多く書き入れる。

**手順5**

4の欄に書き入れた手段それぞれについて、「その手段はどれだけ効果的か？」「その手段はどれだけ実行可能か？」という

2つの評価基準に沿って、0〜100％で評価する。

> 手順6

評価の高い手段を組み合わせて、目標を達成するための実行計画を立て、問題解決ワークシートの5の欄に書き入れる。

> 手順7

5の欄に書き入れた実行計画の行動実験を実施し、効果を検証する。

## ◎ アヤカさんが作成した問題解決ワークシート

　アヤカさんはプリセプティのケイコさんについて主任に相談したところ、「ケイコさんに対し、あなたがずいぶん辛抱強く指導しているなぁと思って感心していたのよ。だけど、ケイコさんのあのコミュニケーションのやり方のままでは、結局あの子が今後、苦労することになる。明らかに失礼な態度や間違った言葉遣いをしたときは、やっぱり具体的に指摘して、正しい態度や言い方を教えてあげたほうがいいと思う。そういうことを教えてあげるのもプリセプターの大事な仕事だよね。アヤカさんは優しい人だから、他人の間違いを注意したりするのは苦手かもしれないけど、職歴が長くなればなるほど下の指導をする仕事が増えていくのだから、変な言い方かもしれないけどケイコさんを"練習台"だと思って、他人に注意をする練習をしてみたらどうかしら」とアドバイスしてくれたそうです。

　そこでここでも"ケイコさんネタ"を使って問題解決法に取

り組むことにしました。図 3-10 がアヤカさんと私とで作成した問題解決ワークシートです。

　図 3-10 をご覧いただければ、「ミスをして、しかもそれを認めて患者さんに謝るということをしないケイコさんに対し、アヤカさんが注意できない」という問題に、アヤカさん自身がどのような目標を立て、どのように目標を達成するための手段を考え出し、そこからどのような実行計画を立てたか、具体的におわかりいただけるかと思います。

　図 3-10 の問題解決ワークシートを作成したことの感想を求めると、アヤカさんは、「こういうふうに書き出すと、何が問題で、それに対して自分が何をすればいいのか、落ち着いて考えることができる気がします」「"2.問題解決に向けて、自分の考えをととのえる" に書いてあることは、私にとってとても大切なことだと思う。どうも私は何か問題が起きると、それから逃げたくなってしまうんです。でも主任も言っていたように、職歴が長くなればなるほど責任のある仕事が増えるし、後輩の教育もしなければならないし、やらなければならないことが増えてくる。結局それから逃げるわけにはいかないんですよね。だから何か起きたとき、そこから逃げるのではなく、ここに書いてあるふうに考えてみて、なんとか立ち向かえるようになりたいと思います」と言いました。

### 図 3-10 アヤカさんが作成した「問題解決法：問題解決ワークシート」

【問題解決法】問題解決ワークシートの目的
対処可能な課題を設定し、行動実験をしてみよう

**1. 問題状況を具体的に把握する（自分、人間関係、出来事、状況、その他）**

> 患者さんにトイレへの付きそいを頼まれたケイコさんがすっかりそのことを忘れていて、もう一度ナースコールで呼ばれたときに、忘れていたことを謝らなかったのを見てしまった。明らかに注意が必要だけど、ケイコさんに言い返されるのが怖くて、注意したくない。でもケイコさんのためにもこういうときは謝る必要があることを教えてあげる必要がある。
> ※この手のことがよくある。彼女は患者さんに謝らない。

**2. 問題解決に向けて、自分の考えをととのえる**

- ☐ 生きていれば、何らかの問題は生じるものだ。問題があること自体を受け入れよう。
- ☐ 原因を1つに決めつけず、さまざまな要因を見つけてみよう。
- ☐ 問題を「悩む」のではなく、「何らかの解決を試みるべき状況」ととらえてみよう。
- ☐ 大きな問題は小分けにしてみよう。小さな問題に分解して、突破口を見つけよう。
- ☐「解決できるか」ではなく、「対処できそうなこと」「できないこと」を見極めよう。
- ☐ できることから手をつけよう。「実験」としてチャレンジしてみよう。
- ☐ どんなことを自分に言うと、良いだろうか？ 下欄に記入してみよう。

> 主任が言っていたように、これは人に注意する練習の機会だと思おう。

**3. 問題状況が解決または改善された状況を具体的にイメージする**

> その日の振り返りのときに、さりげなくその日のエピソードを持ち出して、次の2つのことについてケイコさんにアドバイスする。
> ① 自分のミスを認めることもプロとして大事なことだ。
> ② たとえミスがあっても、それを認めて率直に謝ることで、患者さんとの関係をよくすることができる。

●●年 ●月 ●日（　　曜日）

氏名：　○○ アヤカ 様

**4. 問題の解決・改善のための具体的な手段を案出し、検討する**

| | 効果的か | 実行可能か |
|---|---|---|
| 1.「こんなこと言ったら、気を悪くするかもしれないけれど」と言って切り出す | ( 60 %) | ( 70 %) |
| 2.「今日の●●さんの件について、ちょっと話してもいい?」と言って切り出す | ( 80 %) | ( 80 %) |
| 3. ケイコさんの言動と具体的に関連させて、①と②について説明する | ( 30 %) | ( 40 %) |
| 4. ①と②を予め紙に書いておいて、その紙を見せながら①と②についてアドバイスする | ( 90 %) | ( 80 %) |
| 5. 自分の経験談を話す（ミスを認めて謝ったことでかえって患者さんと関係がよくなった経験) | ( 30 %) | ( 60 %) |
| 6. ひととおり話したあと、「じゃあ明日からも一緒に頑張ろうね」と言ってしめくくる | ( 60 %) | ( 40 %) |
| 7. ひととおり話したあと、「今の私の話についてどう思った?」と言って、ケイコさんの感想をたずねる | ( 70 %) | ( 80 %) |

**5. 行動実験のための具体的な実行計画を立てる**

※以下のポイントを盛り込んだ計画を立てます：
●いつ　●どこで　●どんなとき　●誰と・誰に対して　●何をどうする
●実行を妨げる要因とその対策は　●結果の検証の仕方

その日の業務で注意すべき言動をケイコさんがとったら……
① まず注意したいことのポイントを紙に書き出す。そこに「ミスを認めることもプロとして大事なこと」「たとえミスがあっても、それを認めて率直に謝ることで、患者さんとの関係をよくすることができる」と予め書いておく。
② 振り返りの時間の最後に、「今日の●●さんの件について、ちょっと話してもいい?」と言って、話を切り出し、すぐに用意した①の紙をケイコさんに見せる。
③ 用意した紙を彼女と一緒に見ながら、ミスを認め、謝ることについてアドバイスする。
④ 最後に「今の私の話についてどう思った?」とたずね、ケイコさんの言い分も聞く。

©洗足ストレスコーピング・サポートオフィス

## ◎ 計画は、実行してこそ意味がある

　ところで問題解決法では、問題解決ワークシートを作成し、実行計画を立てるだけで満足してはいけません。現実の問題場面において実行計画を実際に試してみて、その結果を検証する必要があります。そこまでやって、初めて「問題解決法を行った」といえます。

　アヤカさんの場合、セッションで私と一緒に計画を立てたその2週間後に、"チャンス"（すなわち、ケイコさんがミスをして、そのミスについて謝らなかったエピソード）がめぐってきました。
　これまでだとそういうケイコさんに注意できず悶々としていたアヤカさんでしたが、今回は「実行計画を試すチャンスだ！」と思い、勇気を振り絞って計画を実行に移してみたそうです。
　アヤカさんはケイコさんに反撃されるのではないかと恐れていたのですが、紙に書いたポイントを示しながら「ミスはすぐに認めて、謝ってしまったほうがいいと思うよ」とストレートにアドバイスしたところ、ケイコさんはあっさり「わかりました、ありがとうございます」と言ったのだそうです。

「何だか拍子抜けしてしまいました。私がこれまでビクビクしてケイコさんに接していたのが、かえってよくなかったのかもしれません」とアヤカさんは言っていました。

「計画を実行に移す」ことを認知行動療法では「行動実験」と呼んでいます。「実験」で重要なのは、「よい結果を出すこと」ではなく、「結果を出すこと」と「計画が適切だったかどうか検証すること」です。

アヤカさんの場合は、たまたま1回目の行動実験で望ましい結果が得られましたが、行動実験を通じて望ましくない結果が得られたとしても、「この問題に対して、このような解決策が適切でないことがわかってよかった」という結論になるのです。そしてもう一度計画や目標を立て直すなどして、問題解決法をやり直せばいいのです。同じ問題に対して何度も問題解決シートを作成することで、より効果的な解決策が見つかる場合も少なくありません。

重要なのはアヤカさんも言っていたとおり、何か問題が生じたときにそこから逃げようとするのではなく、「何が問題か」ということを具体的に外在化し、「その問題に対して今の自分は何ができそうか」ということを落ち着いて考え、実行するという「問題解決的な構え」を持つことです。そのような構えを持てるようになると、少々困った問題が起きても、いちいちうろたえたりへこたれたりしないですむようになります。

## 3-6 コーピングレパートリーを可能な限り増やす

### ◎ ストレスに対して、意図的に何かをすることがコーピング

　前にも書いたとおり、「コーピング」とは「ストレスへの対処」のことです。もうちょっと正確に言うと、「ストレスに対する意図的な対処」のことをいいます。ここでポイントになるのが「意図」の有無です。

　たとえばストレスが溜まって、知らず知らずのうちに過食をしてしまうのはコーピングではありません。「行動的ストレス反応」です。一方、「今、自分には○○というストレス状況が

あって、それに対して自分のなかに〇〇といったストレス反応が生じている。こういうときは美味しいものでも食べて気を晴らすしかないなぁ」と思って、意図的に好きなケーキを食べるのはコーピングです。

「あー、もうどうしたらいいんだろう」と思って、無意識にため息をつくのは、やはり「行動的ストレス反応」（もしくは「身体的ストレス反応」）です。一方、「あー、もうどうしたらいいかわからない。こういうときはため息でもつくしかないや」と思って、意図的に深いため息をつくのはコーピングです。

あまりにつらくて「泣いちゃまずい」と思っても涙がとめどなく流れ出るのは「身体的ストレス反応」ですが、あまりにつらくて、「もういっそのこと、泣いてすっきりしちゃおう！」と思って半ば意図的に泣くのはコーピングです。

つまり自分を取り巻くストレス状況や自分のなかのストレス反応を自覚したうえで（これを「アセスメント」と呼ぶのでしたね）、意図的に何かをするのであれば、それはすべてコーピングだ、ということになります。

## ◎ 幅広く、多様なコーピングを使える人が健康な人

そして心理学的ストレス研究で明らかにされているのは、どのコーピングがよくてどのコーピングが悪いということではなく、できるだけ幅広く多様なコーピングを使える人が心身共に健康であるということです。

立派なこと、高尚なことでなくてもいいのです。ちょっとし

たことでいいから、意図的に使えるコーピングをたくさん用意しておき、ストレスを感じたら適宜それらのコーピングを実施することを日常的に行うのが重要です。

## ◎「質」より「量」

アヤカさんの場合、いろいろなストレス状況に対してグルグル思考が生じ、それから逃れるためのコーピングが「飲酒」しかありませんでした。もちろん今では認知行動療法を通じて「アセスメント」、「認知再構成法」、「問題解決法」という強力なコーピングが身についていますが、そういう専門的なコーピングだけでなく、ちょっとした行動的コーピングをたくさん増やしておこうというのが、私とアヤカさんとの認知行動療法における第3の目標でした。

私たちは1回のセッションを丸々使ってブレインストーミングを行い、特に自宅に1人でいるときのグルグル思考に対する「コーピングレパートリーシート」を作成しました。それが図3-11です。

ブレインストーミングとは、「よい案を出そう」「立派な案を出さなければ」と考えるのではなく、「何でもいいから案を出してみよう」と考えて思いついた案をたくさん書き出してみる、という一種の発想法です。ブレインストーミングでは「質」より「量」が重視されます。私たちは40個を目標にブレインストーミングを行いました。

### 図 3-11 アヤカさんが作成したコーピングレパートリーシート

**テーマ：グルグル思考に対するコーピング（自宅に 1 人でいるとき）**

1. お酒を飲む
2. そういう自分をアセスメントする
3. 認知再構成法を行う
4. 問題解決法を行う
5. お香をたく
6. チョコレートを味わう
7. 冷たい水に手をひたす
8. アロマ（ラベンダー）の香りをかぐ
9. 新聞紙をビリビリに破く
10. 彼氏にメールを出す
11. アイちゃんに電話する
12. クイックルワイパーをする
13. トイレそうじをする
14. 野菜を切り刻む
15. 鼻歌をうたう
16. ストレッチをする
17. ネットで「バリ島」を検索する
18. 足の爪にネイルを塗る
19. 爪を切る
20. 耳掃除をする
21. コンビニにぶらっと出かける
22. 銭湯に行く
23. 昔のアルバムを見てなつかしむ
24. 殻つきの落花生を食べる
25. ネットの「人生相談」を見まくる
26. 三つ編みをたくさん作る
27. クッションのほころびをつくろう
28. 靴磨きをする
29. スニーカーを洗う
30. バリ島の写真集を見る
31. すごく辛いものを作って食べる
32. 枝毛を探す
33. 部屋のサボテンに話しかける
34. 卒業アルバムを見る
35. 昔の年賀状を見る
36. わざと大声で笑ってみる
37. 本棚の整理をする
38. サルのふりをする
39. ブタのふりをする
40. チラシの裏に落書きする

## ◎ レパートリーが多いほうがグー

　図3-11をご覧いただくと、どのコーピングもどうということのない、ささやかなものであることがおわかりいただけるかと思います。「サルのふりをする」とか「ブタのふりをする」といった苦し紛れのアイディアも含まれていますが、それでいいのです。グルグル思考に巻き込まれかけたときに何ができそうか、とにかく案をたくさん出しておき、もし実際にそのような場面が発生したら（アヤカさんの場合、実際にグルグル思考がはじまりかけたら）、レパートリーシートに書かれてある案を片っ端から試すのです。

　あるときはこれまでどおり「お酒を飲む」というコーピングでいけるかもしれません。別のときは「靴磨きをする」というコーピングが役立つかもしれません。しかし別のあるときはひょっとしたら「ブタのふりをする」が役立つかもしれないのです。

　ここでもポイントは外在化です。グルグル思考に巻き込まれてしまってからコーピングを考え出すのでは間に合いません。あらかじめコーピングの案を紙に書き出しておくこと（外在化しておくこと）で、グルグル思考に巻き込まれかけたときにそれを見て、「あ、そうだ、グルグル思考に巻き込まれるぐらいなら、ブタのふりをしてみたほうがいいかも」と考え、バカバカしいと思いながらもブタのふりをしているうちに、グルグル思考はどこかに行ってしまうかもしれないのです。

## ◎ 手っ取り早いコーピング

　先に紹介した認知再構成法と問題解決法という技法は、非常に役立つ技法ではありますが、いろいろなことを考えたり書き出したりする必要があり、それなりのエネルギーを要します。また身につけて使いこなせるようになるためには繰り返し練習する必要があります。

　それに比べて、コーピングレパートリーシートを作ってそれを実践するのは、さほど大変ではありませんし、むしろ楽しい作業です。アヤカさんと私も、図3-11のシートを作ったときにはかなり盛り上がりました。またアヤカさんは実際、自宅の衣装棚にコーピングレパートリーシートを貼り付け、グルグル思考がはじまりかけたらシートを見て、とにかく何かを試してみる、ということを実践しました。

　時には真面目に認知再構成法、あるいは手っ取り早くお酒やチョコレート、または思い切って銭湯に出かけたり、冷蔵庫にある野菜を片っ端からみじん切りにする、という具合です。さすがにサルやブタのふりはしていないそうですが、「他のコーピングが効かなかったら、やけくそでブタのふりをしてみよう」と思うだけで、心がなごむのだそうです。

## 3-7 これまでより上手にストレスと付き合えるようになったアヤカさん

◎ **興味が湧きましたか？**

　以上、アセスメント、認知再構成法、問題解決法、コーピングレパートリーという、認知行動療法のなかでも特に重要な手続きや技法について紹介しました。興味を持った方は、自己観察とツールへの外在化を繰り返し行って、まずアセスメントのやり方を身につけてください。

　アセスメントの結果、「自分の場合、どうも認知がポイントのようだ」と気づいた方は認知再構成法を、「自分の場合、まずは行動のパターンを変えたほうがいい」と気づいた方は問題解決法にトライしていただくとよいでしょう。

　「認知再構成法とか問題解決法とか、そこまでやらなくてもいいけれど、コーピングのレパートリーを増やしたい」という方は、白い紙とペンを用意して、ブレインストーミングを行い、コーピングレパートリーシートを作成しましょう。頑張って、アヤカさんのように40個ぐらいはアイディアを出してみてください。レパートリーシートは作成したら必ず持ち歩くか、

目立つところに貼り付けるかして、チャンスがあればいつでも使えるようにしてください。そしてチャンスが来たら必ずコーピングを実行してみてください。

## ◎「何かあっても対処すればいい」と思えるのは強い

アヤカさんは結局15回ほど私のところに通って、認知行動療法のカウンセリングを終結にしました。アヤカさんのストレス状況は相変わらずでしたが、アセスメントや各種技法を使うことによって、アヤカさんはそれまでより上手に自分のストレスと付き合うことができるようになりました。

アヤカさんは最後にこんなふうに感想を話してくれました。「前は何か困ったことや嫌なことがあるとすぐにグルグル思考が生じ、何もできなくなってしまっていたけれど、今は何かがあると、"まずアセスメントしてみよう" と思ってシートに書き出します。それで少し楽になります。そして必要に応じて認知再構成法をやったり問題解決法をやったりコーピングレパートリーシートを見てコーピングを行ったりします。そうすると、問題が完全になくなるわけじゃないけれど、落ち着いていら

れるんです。前は"何かあったら嫌だな"と常に不安に思っていましたが、今は"何かあっても対処すればいい"と思えます。ストレスとうまく付き合うって、こういうことなんだー、というのがわかりました」。

　認知行動療法の最後に、このような感想を述べるクライアントさんはとても多いです。

参考文献
＊1　Z. V. シーガル他（著）／越川房子（監訳）：マインドフルネス認知療法――うつを予防する新しいアプローチ、北大路書房、2007年．
＊2　大野裕：こころが晴れるノート――うつと不安の認知療法自習帳、創元社、2003年．
＊3　ジュディス S. ベック（著）／伊藤絵美、神村栄一、藤澤大介（訳）：認知療法実践ガイド　基礎から応用まで――ジュディス・ベックの認知療法テキスト、星和書店、2004年．

第 4 章

# BOOK 1で紹介した
# 理論・技法・ツール

本書で紹介した認知行動療法の理論、モデル、スキル、技法、ツールをあらためて提示します。

ツールに「ⓒ洗足ストレスコーピング・サポートオフィス」と記載されているものについては（p165、p168、p170、p172、p176）、そのクレジットを記載したままのご使用をお願いします。記載したままであれば、許諾申請いただかなくともご自身の研究や臨床実践にご利用いただくことができます。学会、研究会などで発表する場合も同様です。

なお、何らかの形で改変して用いる場合には、その事実をツールに記載するようにしてください。

## 心理学的ストレスモデル

環境　　　　　　　　　　　個人

ストレス状況　　⇄　　ストレス反応
（ストレッサー）

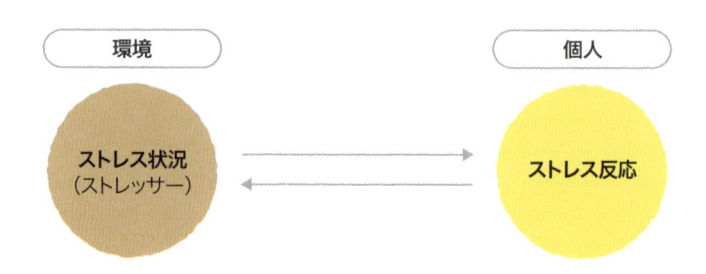

　心理学では、このようにストレスを「ストレス状況（ストレッサー）」と「ストレス反応」に分けて、ストレス体験をプロセスとしてとらえます。

　心理学的ストレスモデルについては、第1章 p20〜29 を参照してください。

第4章 BOOK1で紹介した理論・技法・ツール

## 認知行動療法の基本モデル

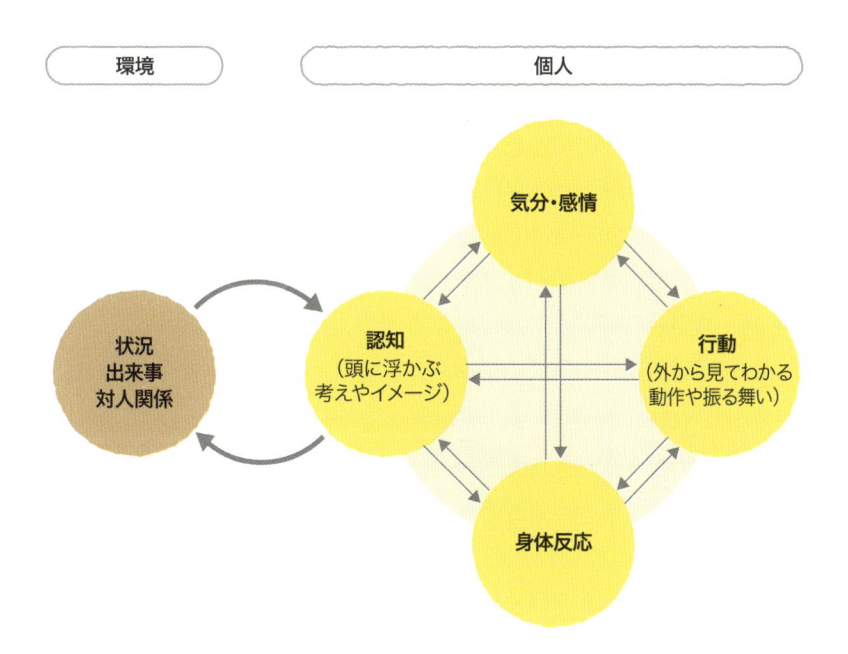

環境

個人

- 気分・感情
- 状況 出来事 対人関係
- 認知（頭に浮かぶ考えやイメージ）
- 行動（外から見てわかる動作や振る舞い）
- 身体反応

　認知行動療法において最も重要なのが、この基本モデルです。「環境」と「個人」の相互作用を循環的に見ること、そして「個人」の体験を〈認知〉〈気分・感情〉〈身体反応〉〈行動〉の4つに分けてそれらの相互作用を循環的に見ること、つまり相互作用を二重に、しかも循環的にとらえることができるのがこの基本モデルの特徴です。

基本モデルについては第1章 p30〜47で詳しく紹介しました。また基本モデルにもとづくアセスメントについては、BOOK 1 第3章および BOOK 2 で展開するすべての事例において提示しています。

## 階層的認知モデル

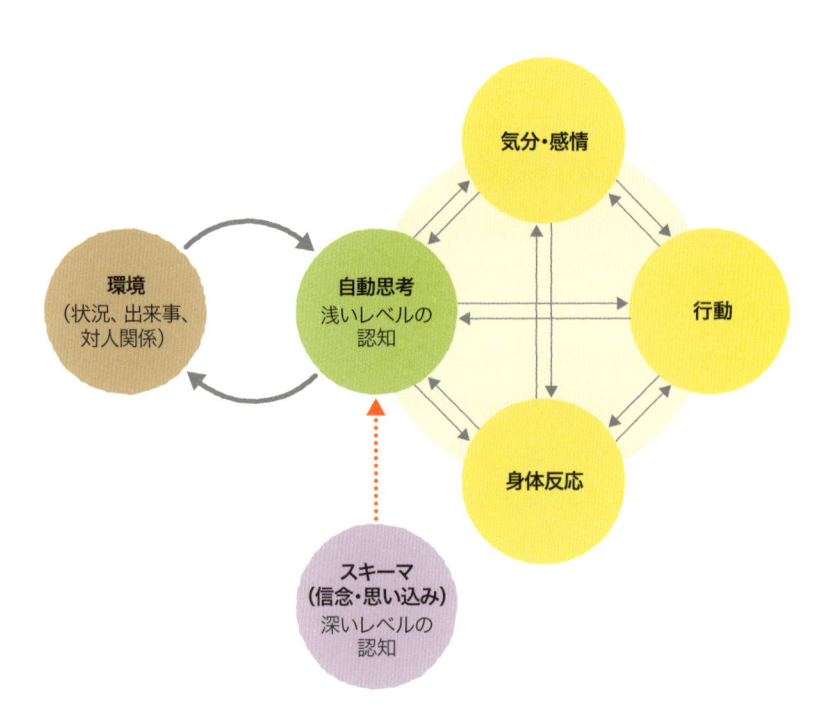

環境
(状況、出来事、対人関係)

自動思考
浅いレベルの認知

気分・感情

行動

身体反応

スキーマ
(信念・思い込み)
深いレベルの認知

認知行動療法の基本モデルにおける「認知」を、深いレベルのものと浅いレベルのものに分けて階層的に提示したのが、この「階層的認知モデル」です。

浅いレベルの認知を「自動思考」、深いレベルの認知を「スキーマ（信念・思い込み）」と呼びます。その人の反応をより深く分析したい場合などに、このモデルを活用します。

階層的認知モデルの具体的な内容は第1章 p48〜58 を参照してください。

## 自己観察

認知行動療法の基本モデルに沿って自分の体験を観察することを「自己観察」といいます。認知行動療法で最も重要なのはアセスメントの作業ですが、アセスメントをするためにはこの自己観察の作業が不可欠です。つまり自己観察とは認知行動療法の重要な出発点であるといえます。

自己観察については第2章 p63〜71 を参照してください。また自己観察のメカニズムについては第3章のアヤカさんの事例（p114〜119）でも説明しています。

## 外在化

認知行動療法では観察したこと、話し合ったこと、計画を立てたことなどはすべて、紙などのツールに書き出します。それを「外在化」といいます。ツールに外在化することで、私たち

は距離をおいてそれを眺めることができます。つまりそれを客観視できるようになるのです。

　外在化については第2章 p68〜71を参照してください。また外在化のメカニズムについては第3章のアヤカさんの事例（p118）に説明があります。さらにBOOK 2で紹介する3つの事例すべてで、ツールを使ったさまざまな外在化の例が紹介されています。

## アセスメント

　認知行動療法のモデル（基本モデルや階層的認知モデル）を使って自分の体験を理解したり整理したりするプロセスのことをアセスメントといいます。基本モデルを用いたアセスメントは認知行動療法で最初に行う作業であり、かつ最も重要な作業でもあります。

　アセスメントについては第2章全体で詳しく説明していますので、そちらを参照してください。

## アセスメントシート

　アセスメントしたことを外在化するためのツールが、この「アセスメントシート」です。これは私が開発したオリジナルなものです。シートの上半分に基本モデルが記載されています。下半分にはコーピングやサポート資源を記入する欄が設定されています。アセスメントシートについての説明は第2章を参

第4章
BOOK1で紹介した理論・技法・ツール

## アセスメントシート

**ストレス状況**

**認知（考え・イメージ）**

**気分・感情**

**身体反応**

**行動**

**サポート資源**

**コーピング（対処）**

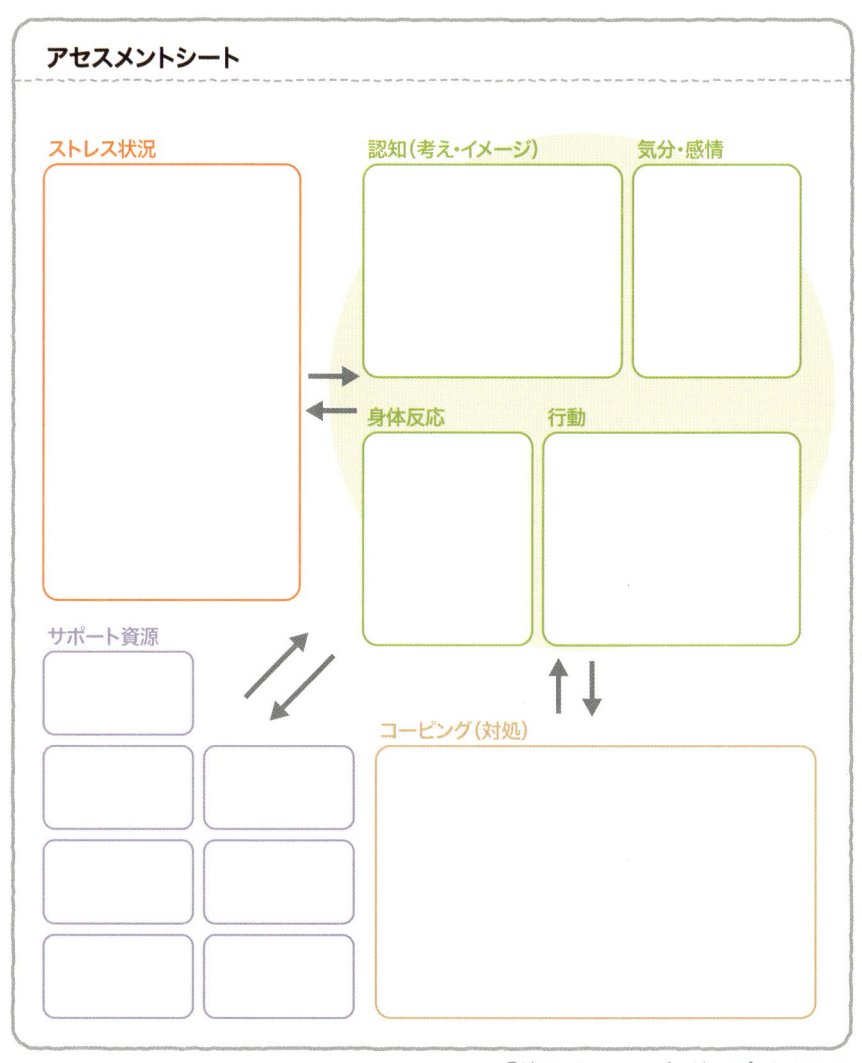

©洗足ストレスコーピング・サポートオフィス

照ください。BOOK 1 第 3 章と BOOK 2 でのすべての事例において、このアセスメントシートが活用されています。

## コーピング

「コーピング」とは、「ストレスに対する意図的な対処」のことです。もう少し具体的に言うと、自分を取り巻くストレス状況を改善したり、ストレス状況によって生じたさまざまなストレス反応を緩和するために、何らかの対処を意図的にすることをコーピングと呼びます。

コーピングには認知系のものと行動系のものの 2 種類があります。コーピングの詳しい説明については、第 2 章 p72〜87 を参照してください。また第 3 章のアヤカさんの事例でもコーピングについて詳しく紹介しています（p150〜155）。

## マインドフルネス

「マインドフルネス」というのは「意図的に、価値判断をすることなく、今この瞬間に注意を向けること」です。最近、認知行動療法では、このマインドフルネスの概念が注目され、マインドフルネスに焦点を当てた技法が提唱され、その効果が確かめられつつあります。

といってもマインドフルネスがこれまでと異なる全く新しい概念ということではなく、認知行動療法の基本モデルに沿って自己観察をしたり、自己観察したものを外在化したりする営み

そのものが、マインドフルネスに該当することは、ここまでお読みくださった読者の方々には一目瞭然でしょう。

認知行動療法で重要なのは、まずは問題解決ではなく、問題がどうなっているのか、その問題をかかえる自分がどうなっているのか、ということについて、それがよいとか悪いとかの判断をせずに、まずはありのままに観察し、理解することです。それができればおのずとマインドフルネス的なあり方ができている、ということになります。

マインドフルネスという概念については第3章のアヤカさんの事例 p119 で、少しですが触れています。

## 認知再構成法とそのためのツール

認知再構成法とは、非機能的な思考を同定し、より機能的な思考を自ら考え出すための技法です。私たちは認知再構成法を通じて、自分を苦しめる考えを取り出してそれをさまざまな角度から検討し、新たな考えを作ってみて自分に取り入れていく練習をすることができます。

第3章ではアヤカさんが認知再構成法に取り組んだ具体的な内容を詳しく紹介しています（p124〜140）。また私が開発した認知再構成法のツールは以下の3枚です。このツールの使い方も第3章を見ていただければおわかりいただけるでしょう。

認知再構成法：アセスメントシート

## 【認知再構成法】アセスメントシートの目的：
特定の場面における自分の体験を具体的に理解する

### 1. 具体的場面：最近、ひどくストレスを感じた出来事や状況を1つ選び、具体的に記述する

いつ？　どこで？　誰と？　どんな状況で？　どんな出来事が？（その他何でも…）

### 2. 自分の具体的反応：1の具体的場面における自分の体験を、認知行動モデルにもとづいて理解する

気分・感情とその強度（%）

- □ _____ (　　%)
- □ _____ (　　%)
- □ _____ (　　%)
- □ _____ (　　%)

※気分・感情とは、「不安」「悲しい」「怒り」「緊張」など、端的に表現できるのが、その特徴です。

行動・身体反応

年　　月　　日（　曜日）

氏名：

認知（考え・イメージ）とその確信度（%）：
そのとき、どんなことが頭に浮かんだろうか？

☐ _____ (　　　%)
☐ _____ (　　　%)
☐ _____ (　　　%)
☐ _____ (　　　%)

※ある特定の場面において瞬間的に頭に浮かぶ考えやイメージを、【自動思考】と言います。認知療法・認知行動療法では、否定的感情と相互作用する自動思考を把握し、自動思考への対応の仕方を習得します。
　はじめは自動思考を把握するのが難しいかもしれませんが、過度に否定的な感情が生じたときに、**「今、どんなことが頭に浮かんだのだろうか？」「たった今、自分の頭をどんなことがよぎっただろうか？」**と自問することで、自動思考を容易に把握できるようになります。

©洗足ストレスコーピング・サポートオフィス

**再構成法：自動思考検討シート**

**【認知再構成法】自動思考検討シートの目的：**
否定的感情と関連する自動思考について検討する

### 1. 具体的場面：最近、ひどくストレスを感じた出来事や状況を1つ選び、具体的に記述する

いつ？ どこで？ 誰と？ どんな状況で？ どんな出来事が？（その他何でも…）

### 4. 自動思考の検討：さまざまな角度から、自動思考について考えてみます

自動思考がその通りであるとの事実や根拠（理由）は？

自動思考に反する事実や根拠（理由）は？

自動思考を信じることのメリットは？

自動思考を信じることのデメリットは？

最悪どんなことになる可能性があるか？

奇跡が起きたら、どんなすばらしいことになるか？

※ 否定的感情と関連する自動思考を把握したら、その自動思考について、まずは上の問に対して具体的に回答してみます。このように自動思考を、さまざまな角度から検討することが認知療法・認知行動

第4章

氏名： _____　　　　年　　月　　日（　曜日）

**2. 気分・感情とその強度（%）**

**3. 自動思考（考え・イメージ）とその確信度（%）**

---

現実には、どんなことになりそうか？

以前、似たような体験をしたとき、どんな対処をした？

他の人なら、この状況に対してどんなことをするだろうか？

この状況に対して、どんなことができそうか？

もし_____（友人）だったら何と言ってあげたい？

自分自身に対して、どんなことを言ってあげたい？

©洗足ストレスコーピング・サポートオフィス

療法では重要なのです。自分のつらい気持ちに気づいたら、このシートに記入して、自動思考を検討してみましょう。

## 認知再構成法：思考の幅を広げるためのワークシート

【認知再構成法】思考の幅を広げるためのワークシートの目的：
より適応的な思考を探索し、考案してみる

**1. 具体的場面**

**2. 気分・感情とその強度（％）**

**3. 自動思考（考え・イメージ）とその確信度（％）**

▶▶▶

**4. 自動思考を検討するための質問集**

- □ 自動思考がその通りであるとの事実や根拠（理由）は？
- □ 自動思考に反する事実や根拠（理由）は？
- □ 自動思考を信じることのメリットは？
- □ 自動思考を信じることのデメリットは？
- □ 最悪どんなことになる可能性があるか？
- □ 奇跡が起きたら、どんなすばらしいことになるか？
- □ 現実には、どんなことになりそうか？
- □ 以前、似たような体験をしたとき、どんな対処をした？
- □ 他の人なら、この状況に対してどんなことをするだろうか？
- □ この状況に対して、どんなことができそうか？
- □ もし　　　　（友人）だったら、何と言ってあげたい？
- □ 自分自身に対して、どんなことを言ってあげたい？

年　　月　　日（　　曜日）

氏名：＿＿＿＿＿＿＿＿＿＿＿＿＿＿＿＿＿＿＿＿

## 5. 新たな思考を考え出してみよう・確信度（％）

|  |
|---|
| （　　％） |

|  |
|---|
| （　　％） |

|  |
|---|
| （　　％） |

|  |
|---|
| （　　％） |

|  |
|---|
| （　　％） |

|  |
|---|
| （　　％） |

## 6. もとの自動思考に対する現在の確信度 ➡（　　　％）

### 現在の気分とその強度

➡ ＿＿＿＿＿＿＿＿＿＿＿＿＿＿＿＿＿＿＿＿（　　％）

➡ ＿＿＿＿＿＿＿＿＿＿＿＿＿＿＿＿＿＿＿＿（　　％）

➡ ＿＿＿＿＿＿＿＿＿＿＿＿＿＿＿＿＿＿＿＿（　　％）

©洗足ストレスコーピング・サポートオフィス

## コーピングレパートリー

　コーピングとは、「ストレスに対する意図的な対処」のことです。
　どのコーピングがよくてどのコーピングが悪いということではなく、できるだけ幅広く多様なコーピングを使える人が心身共に健康であるということが、さまざまな研究からわかっています。ちょっとしたことでいいので意図的に使えるコーピングをたくさん用意しておき、ストレスを感じたら適宜それらのコーピングを日常的に実施することが重要です。その人のコーピングの手持ちを「コーピングレパートリー」といいますが、レパートリーが多種多様であればあるほど望ましい、ということになります。
　第3章 p153 では、アヤカさんが作成したコーピングレパートリーを外在化したものを紹介しました。

## 問題解決法とそのためのツール

　ストレス体験において、実際に自分がどう動いたらよいか、つまり「行動」をよりよい方向に向けて工夫するための技法を「問題解決法」といいます。一連の手順に沿って行動の計画を立て、実際にそれを「行動実験」として行い、結果を検証することが問題解決法では重要です。

　第3章では、アヤカさんが問題解決法に取り組んだ具体的な内容を詳しく紹介しています（p142〜149）。また私が開発した問題解決法のツールは以下のとおりです。このツールの使い方も、第3章を見ていただければおわかりいただけるでしょう。

問題解決法：問題解決ワークシート

## 【問題解決法】問題解決ワークシートの目的
対処可能な課題を設定し、行動実験をしてみよう

### 1. 問題状況を具体的に把握する（自分、人間関係、出来事、状況、その他）

### 2. 問題解決に向けて、自分の考えをととのえる

- ☐ 生きていれば、何らかの問題は生じるものだ。問題があること自体を受け入れよう。
- ☐ 原因を1つに決めつけず、さまざまな要因を見つけてみよう。
- ☐ 問題を「悩む」のではなく、「何らかの解決を試みるべき状況」ととらえてみよう。
- ☐ 大きな問題は小分けにしてみよう。小さな問題に分解して、突破口を見つけよう。
- ☐ 「解決できるか」ではなく、「対処できそうなこと」「できないこと」を見極めよう。
- ☐ できることから手をつけよう。「実験」としてチャレンジしてみよう。
- ☐ どんなことを自分に言うと、良いだろうか？ 下欄に記入してみよう。

### 3. 問題状況が解決または改善された状況を具体的にイメージする

　　　　　　　　　　　　　　　　年　　月　　日（　　曜日）

氏名：＿＿＿＿＿＿＿＿＿＿＿＿＿＿＿＿＿＿＿＿＿＿＿

### 4. 問題の解決・改善のための具体的な手段を案出し、検討する

　　　　　　　　　　　　　　　　　　効果的か　実行可能か
　　　　　　　　　　　　　　　　　　　▼　　　　▼

1. ＿＿＿＿＿＿＿＿＿＿＿＿＿＿＿＿（　　％）（　　％）

2. ＿＿＿＿＿＿＿＿＿＿＿＿＿＿＿＿（　　％）（　　％）

3. ＿＿＿＿＿＿＿＿＿＿＿＿＿＿＿＿（　　％）（　　％）

4. ＿＿＿＿＿＿＿＿＿＿＿＿＿＿＿＿（　　％）（　　％）

5. ＿＿＿＿＿＿＿＿＿＿＿＿＿＿＿＿（　　％）（　　％）

6. ＿＿＿＿＿＿＿＿＿＿＿＿＿＿＿＿（　　％）（　　％）

7. ＿＿＿＿＿＿＿＿＿＿＿＿＿＿＿＿（　　％）（　　％）

### 5. 行動実験のための具体的な実行計画を立てる

※以下のポイントを盛り込んだ計画を立てます：
● いつ　● どこで　● どんなとき　● 誰と・誰に対して　● 何をどうする
● 実行を妨げる要因とその対策は　● 結果の検証の仕方

©洗足ストレスコーピング・サポートオフィス

# 索引

## 欧文

automatic thought ……………………… 50
CBT(Cognitive Behavioral Therapy) ……………………… 7, 21
emotion ……………………… 36
feeling ……………………… 36
mood ……………………… 36
SST ……………………… 122

## 和文

### 【あ行】

悪循環 ………… 78, 90, 91, 107〜110, 119
アサーション・トレーニング ……… 122
浅い認知 ……………………… 49
アセスメント ……… 30, 46, 60, 72, 74, 164
　── のポイント ……………… 71, 108
アセスメントシート ……… 64, 65, 164, 165
　──，アヤカさんの ………… 109, 115
　──，花子さんの ……………………… 66
痛み ……………………… 99, 101
うつ ……………………… 104

### 【か行】

外在化 ………… 64, 68, 74, 116〜119, 154, 163
階層的認知モデル ……………… 49, 58, 162
確信度(と強度) ……………… 129〜131, 138
環境要因が大きい場合 ……………… 95
環境と個人 ……………………… 22, 23, 75
〈気分・感情〉 ……………… 31, 36, 37, 75
距離を置く ……………………… 116
グルグル思考
　…… 108〜114, 120, 124, 134, 138, 152, 154
〈行動〉 ……………… 31, 40, 41, 75, 77, 86
行動実験 ……………………… 148, 149
コーピング ……… 73, 77, 92, 110, 166
　── レパートリー ……… 150〜155, 174
　── レパートリーシート ……… 153
困りごと ……………………… 89

### 【さ行】

サポート資源 ……………………… 112
自己改善 ……………………… 20, 28
自己観察 ……………… 63, 64, 116〜119, 163
自己理解 ……………… 68〜71, 119, 167〜169
自動思考 ……………………… 50, 57, 67
〈身体反応〉 ……………… 31, 38, 39, 75
心理学的ストレスモデル
　……………………… 22, 24〜29, 31, 160
スキーマ ……………………… 53〜58
ストレス(体験) ……………… 20, 21, 60
　── に対する意図的な対処 ……… 73, 74
ストレス状況とストレス反応
　……………………… 22〜29, 31, 42, 62, 160

ストレス反応を4つに分ける ……… 31
ストレスマネジメント ……… 10, 13
精神疾患治療中の場合 ……… 97
セルフケア ……… 12, 13
セルフモニタリング ……… 117
相互作用 ……… 42〜46
相乗効果 ……… 74
躁転 ……… 97
即効性 ……… 98

【た行】
対人援助職のストレス ……… 12

【な行】
ナースのバーンアウト ……… 13
〈認知〉 ……… 31, 32〜35, 75, 77, 86
認知行動療法 ……… 20, 78, 88
　── ではクライアント自身に
　　学んでもらう ……… 106
　── というネーミングの意味 ……… 78, 79
　── の基本モデル ……… 30, 42, 63, 161
　── の進め方・段取り ……… 88, 89
　── の適応、限界、注意点 ……… 94〜101
　── の普及 ……… 14
　── の理論・技法・ツール ……… 159〜177
認知再構成法 ……… 124, 167
　──, アセスメントシート 128〜131, 168
　──, 思考の幅を広げるための
　　ワークシート ……… 136〜138, 172
　──, 自動思考検討シート 132〜135, 170
　── の手順 ……… 125

【は行】
非機能的思考記録表 ……… 127
不安 ……… 72
深い認知 ……… 49
プリセプティ、プリセプター ……… 104
ブレインストーミング ……… 152

【ま行】
マインドフルネス ……… 119, 166
目標リスト ……… 120〜122
問題解決法 ……… 142〜149, 175
　──, 問題解決ワークシート
　　……… 144〜147, 176
　── の手順 ……… 143

【や行】
予防 ……… 10, 97

# BOOK 2 は こんな展開に なります

　BOOK 2 では、ケアする人たちにとって身近でストレスフルなお悩み事例を 3 つ取り上げて、認知行動療法による解決法を探っていきます。

　事例を読み進めていけば、自然に認知行動療法の技法と使い方が理解できるようになっています。

　事例は、「あるあるある」と膝を打ってしまうリアルなものばかり。

　たとえば、こんな事例を取り上げます。

### ❶ 無能な同僚管理職に腹が立って仕方がない カオルコさん

ストレスの元凶は同僚管理職マナブ（師長）。同い年の 46 歳。

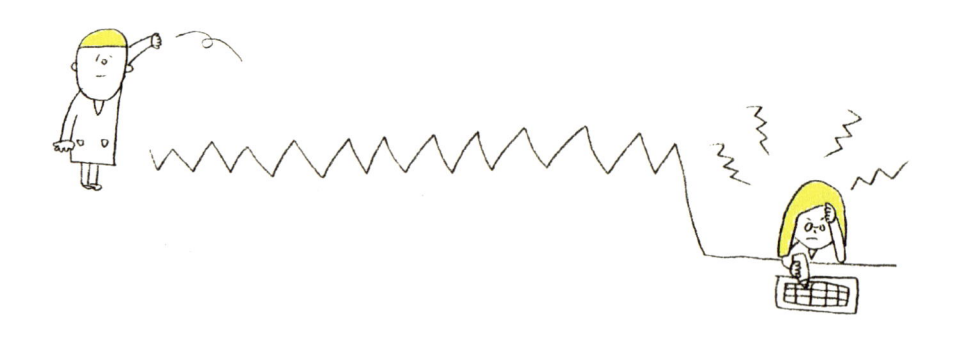

シフトも組めない業務能力のなさで、いつもカオルコさんが尻拭いをさせられるが、本人はそれを何とも思っていない。鈍感なマナブによって病棟の看護の質が落ちてしまい、患者さんにも不利益が出ている。そうした不満を、皆がカオルコさんに言いにきて、それを聞くたびに頭にくる。だいたいなぜこんな奴を管理職にしたんだ！　と思うが、マナブは病院の上層部には受けがよく、非常にかわいがられている。上の人たちもマナブもバカなんじゃないかと思う。

　ただでさえ病棟は忙しいし、立場上、患者さんだけでなく部下のケアまでやらなきゃならないからストレスが溜まるというのに、マナブというバカのせいで余計にストレスを背負わされてしまい、そのことで腹が立って仕方なく、家に帰っても怒りがおさまらない。最近は怒りと興奮によってカオルコさん自身が参ってしまい、友人に勧められて認知行動療法の扉を叩いた。

## ❷ キレる医師のいる職場に恐怖を感じるサチコさん

　ストレスの元凶は病棟医イワタ。彼は「キレているのが普通の状態」といってもよいぐらい、毎日のように、怒鳴ったり、暴言を吐いたり、侮辱したり、舌打ちをしたり、なじった

り、悪口を言ったりする。その対象はほとんどがナース。サチコさん自身、イワタ医師に、他のスタッフがいる前で怒鳴られたり、なじられたりしたことが何度もあり、そのたびに深く反省するのだが、それでもイワタ医師の気にそわない振る舞いをどうしてもしてしまい、そのたびに怒鳴られ、なじられる。他のナースやスタッフがイワタ医師に怒鳴られたり、なじられたり、暴言を吐かれたりするのを見聞きすることも多く、それも苦痛である。看護部長や部長医師も、腫れ物に触るように、彼がキレないよう気を遣う始末。

　このような日々が続くうちに、最初はイワタ医師の姿を見たり声を聞いたりするだけで、心身が緊張したりビクッとしていたが、今では職場そのものが自分にとって恐怖の対象になってしまった。「明日は仕事だ」と思うだけで、夜、寝つけなくなってしまうし、駅から歩いていて病院が見えてくると動悸がしてくる。病棟に入るだけで息苦しくなり、仕事をしている間中、常に心と身体が緊張している。そんな追い詰められた状態でカウンセラーに出会った。

## ❸ 精神的に不安定な看護学生とのかかわり方に悩む看護教員タマキさん

　タマキさん（50代、女性）は某医療系短期大学の看護学部の教員。タマキさんがカウンセラーのもとに駆け込んできたのは、ある1人の学生とのかかわりに大きな問題をかかえることになり、そのストレスでタマキさんの心身にさまざまな反応が出るようになったからだった。問題の学生はナオさん。3

年生になって臨地実習がはじまってから突然つまずいたナオさんに、タマキさんが「無事に実習をやり遂げるためのサポートをさせてほしい」といったことを再三にわたって伝えたところ、ナオさんはすすり泣きながら、自分の生い立ちの不遇から現在進行形の不倫まで、ありとあらゆる悩みを打ち明けたのだった。タマキさんは頼られたことがうれしく、またすっかり同情してしまい、ひたすら傾聴・共感を続け、「何か悩みがあればいつでも聞くから遠慮なく頼ってね」と伝えた。

　しかし問題はそこから。ナオさんから頻繁に電話がかかってきたりメールが送られてくるようになったのだ。それも昼夜かまわず。しかも一度電話で話しはじめるとなかなか終わらず、タマキさんから切ろうとすると、ナオさんが泣き出したり「死にたい」と言ったりするので切ることができない。そうやって日々の多くの時間をナオさんへの対応に費やしているうちに、タマキさん自身が疲れてきた。それなのにナオさんは相変わらず朝でも夜中でもかまわずにタマキさんに電話をかけてきたりメールを送ってくる。タマキさんはそんなナオさんに次第に怒

りを感じるようになってきた。

　そんなある日、タマキさんがうっかり口走った本音から、ナオさんが自殺騒ぎを起こす。タマキさんはストレスがもう限界に近くなり、「このままじゃ私自身がおかしくなってしまう」と危機感を抱き、カウンセラーにたどりついたのだった。

　BOOK2ではこのような事例を展開しながら、新たな認知行動療法の理論・技法・ツールを解説していきますので、どうかひき続きお付き合いください。

　ちなみに、BOOK2で解説する認知行動療法の新たな理論・技法・ツールは、以下です。

「モードワーク（スキーマ療法）」
「リラクセーション法」
「心理教育」
「読書療法」
「再帰属法（円グラフ法）」
「バランスシート」
「コンサルテーション」
「構造化」
「当事者研究」
「サポートネットワーク」

では、BOOK2でお会いしましょう！